谨以此书
献给东南大学成立百廿年校庆

紫气东南

东南大学校园演变图史

单踊 编著

东南大学校史研究室 组编

东南大学出版社

南京

序

单踊教授的新著《紫气东南——东南大学校园演变图史》即将付梓，他让我给他的新书写几句话，我很乐意。这本图文并茂的新书出版，不仅从一个特殊的视角——校园建筑演变——向我们讲述了120年来东南大学校园的前世今生，而且补上了校史研究中的一个"缺门"，使我们更加热爱自己的学校，为拥有鲜活丰厚的校园文化而自豪。

大学校园及其建筑，是教书育人、发展科教事业、推动知识增长和人类文明进步的重要场所，是莘莘学子成就学业、梦想起步的美丽家园，也是一个民族延续文脉的载体，一个城市展示文化的重要名片。作为一所历史悠久，文化底蕴深厚的大学，东南大学校园尤其是四牌楼校区中的"中央大学旧址建筑群"作为全国重点文物保护单位，就生动地诠释了这一点，是我们全体东大人永远的骄傲。

今年是东大建校120周年。120年来，学校发生了天翻地覆的变化，校园及其建筑亦是如此。仅就校园变迁而言，从最初三江两江奠基于北极阁下的四牌楼，到抗战烽火中，中央大学千里西迁暂驻于嘉陵江边的松林坡、柏溪村；从苦于四牌楼老校区拥挤塞促，不得不跨江北上新建浦口校区，到四校合并，新增丁家桥、长江后街和进香河等校园，再到新世纪初，学校决策南下建设九龙湖新的主校区，校园面积从最初的二三百亩，扩充到今天的六千多亩，其变化之大，恍若隔世。在跨越百年的校园建筑中，既有创建初始中西合璧、青砖圈拱的一字房、口字房，也有上世纪二三十年代的巍峨宏丽、设施先进的体育馆、图书馆、大礼堂、中大院、科学馆；既有抗战艰苦岁月，在重庆应急建设的土屋竹舍，也有新中国成立后建设的大量外观朴实、经济实用的各类建筑。进入新世纪后，特别是九龙湖新校区建设，校园建筑更是日新月异，体量规模、外观功能更是投入巨大、时尚先进，不仅满足了学校建设发展的需要，更为一流大学建设提供了广阔的空间和坚实的物质基础。可以说，校园及校园建筑的变迁演进，就是一部生动恢弘的学校编年史，它所连接起120年校园的历史画卷，就是东大从艰辛创业走向辉煌的真实写照；那风格各异、带着鲜明时代印记的建筑，无不映照着数千年的城池和百年学府的沧桑演变，充盈了一代代东南学人的青春记忆。这本校园图史的出版，为每一位关心学校发展的东大师生、无数校友和各界友人了解学校历史、回味校园生活提供了一幅徐徐展开的形象画本。

历史是不能忘记的，然而人们的记忆却会随着时间推移而逐渐淡忘销蚀，建筑也会因为战乱动荡、经济社会发展等种种原因而损毁老化、重建更替。要想还原校园及校园建筑发展变迁的全貌，真实全面重建校园的文化"记忆"也是一件十分困难的事。单踊教授在东大学习工作四十多年，不仅是一位学术造诣深厚的学者，而且熟谙四牌楼校区一砖一瓦、一景一物，能够以宏阔的视野考察东大历史上各个时期、各个地域校园的整体发展脉络，更长期热心于学校的建筑历史研究，我想他实在是做这件有价值工作的最佳人选，他的新作也为东南大学120周年校庆献上一份有意义的贺礼。

不同于已出版的有关东大历史的书籍，单踊教授的这本书以校园变迁为主线，以校园历史建筑为重点，在广泛搜求历史档案，多次深入实地考察，爬梳剔抉、拾遗补缺，多方比对、精心考据的基础上，以图言史，以物为证，将校园发展史的四大阶段十个节点，以精选的520余幅图片和精炼的文字予以展示，做到了脉络清晰、史料丰富、图文并茂、雅俗共赏，并在学术严谨和易于普及两者间取得均衡做了有益尝试。听说他写作这本"小书"居然花了十余年功夫，可见用心之久、费工之巨、得之不易。

我认识单踊并相知相交已近四十年了，对他专注学术研究，倾心教书育人一直十分敬佩，对他退休后还为学校文化建设和校史院史研究投入大量时间精力表示由衷感谢。现在他编著的《紫气东南——东南大学校园演变图史》出版了，他极力倡议和推进的"亚洲建筑档案中心"也即将落成，我谨向他表示诚挚的祝贺！

东南大学党委书记

左 惟

2022年3月

前言

一如杏坛之上的孔夫子讲学、学园树下的柏拉图论道，空间场所无疑也是后世教育得以发生和发展的必备要件，校园发展也成为各校校史中不可或缺的重要组成。

自南京建城后，位于城北中部的鸡笼山（北极阁）不仅是六朝宫苑最为重要的风水之依，更是历朝官办教育中心之所在——继南朝萧梁士林馆、明代国子监、清代府学后至今，北极阁南麓一直书声不断、学泽绵延：自清末民初的三江/两江师范学堂、南京高等师范学校，到民国时期的国立东南大学、国立中央大学，直至中华人民共和国成立以来的（国立）南京大学、南京工学院、东南大学，四牌楼作为高等学府的根脉所在从未改变。

多年以来，有关东南大学校园发展的各类图文介绍为数甚众，但其中不乏疑点甚至盲点亟须梳理与补全。即将到来的东南大学百廿年校庆，最终促成了本校园图史的出版。尽可能多地汇集相关史料，厘清校园建设的发展脉络并以图为主整体展现，为曾经学习与生活于斯的众校友、关心东南大学发展的各界友人提供一份了解校园发展的形象化读本，是本校园图史的初衷。为此，编著团队一方面在校档案馆及校史研究室的通力协助下展开为期年余的资料搜集、整理和相关信息确认、图件制作等工作；另一方面多次赴包括重庆、成都在内的各地校园进行踏勘、访谈、拍摄和必要的测绘，对已有的图文资料予以现场核对和补遗。

全书将东南大学发展至今所经历的校园变迁分为纵贯百廿年、横揽众校区的十个章节。图件方面：总体上将众多不同时期的校园总图予以矢量化矫正，然后同置于现今的校园基地上并尝试以不同色质表达不同年代的方法将校园的发展同框再现；单体上择各时期的主要建筑，将基本的工程图纸及形象图片予以审慎加工后展示。文字方面：对各阶段的背景、总体、单体等予以简明扼要的描述，相关的时间、地点、人物等基本信息尽可能做到表达准确。最后，以附录的形式将历年以来与校园建设相关的重要事件和部分校园总平面原始图件作为全书的结尾。

由于东南大学百廿年的校园建设旷世已久、所涉甚广，其中部分信息资料难以得全，编著的理解深度也暂限于此。因而，本书的成册仅为目前所能为之的阶段性成果。相信随着时间的推移和更多校友、同仁们的介入，相关资料的拥有会更进一步，校园历史的研究也定将更深一成。

目录

	序		006
	前　言		008
一	中西合璧的新学堂	1902·三/两江师范初构	013
二	承前启后的南高苑	1915·南京高等师范立校	025
三	架构初具的前东南	1921·国立东南大学成型	035
四	经典中正的四牌楼	1927·四中大/中大扩容	047
五	善始憾终的新校区	1935·马群/石子岗择地	079
六	临江而居的松林坡	1937·主校区沙坪坝驻足	089
七	不容淡忘的柏溪村	1938·中大分校多地拓展	107
八	面目一新的工学园	1949·南大/南工再翻新	119
九	五区并存的大东南	1988·综合大学诸片集成	139
十	止于至善的新学府	2003·东南大学新区建设	183
	参考文献图片索引		206
附一	校园规划建设纪事		209
附二	历年校园总平面选		215
	结　语		230

一

中西合璧的新学堂
1902·三／两江师范初构

概况

1902年5月，时任两江总督刘坤一曾两上奏折，为江南省小、中、高等学堂建设建言朝廷，并力主兴学"应从师范学堂入手"。1903年2月，继任总督张之洞上《创办三江师范学堂折》，重申"师范学堂为教育造端之地，关系尤为重要"的观点，正式奏请创建"三江师范学堂"。

1903年3月，三江师范学堂借江宁府署公房开办。同年6月学堂开学，并于由张之洞选定的北极阁前明代国子监旧址上开始学堂校园建设。1904年7月，学堂移至北极阁山下，11月学生正式入学上课。

1905年12月，校名更为"两江师范学堂"，学堂性质也随之转为培养中学教员的"优级"学堂。同年底，学堂的附属小学成立。1910年，学堂的附属中学成立。辛亥革命爆发后，两江师范学堂及附中与附小于1912年初正式停办。

学堂的工程建造始于1903年6月19日。1904年9、10月间，首期的一字房、教习房、田字房、学生斋舍等"洋楼"及辅助用房竣工。1905年底，始新添口字房及自修室平房，次年完工。至1906年，学堂新校园先后建成了建筑有楼房5组、平房若干、一主一辅操场两爿，以及门房等辅助用房数栋。此外，校东农场中还设置各种实验室、工场，供学生实习用。

整体校园建设共计耗资30万元，历时3年有余。

两江师范学堂全景鸟瞰图

总体

初始的校园北抵北极阁山南麓,西依进香河,东临成贤街。南侧与宁属初级师范学堂和民房区毗邻,经单牌楼巷与四牌楼街相通。校园基地大致呈 480m × 280m 的东西向扁长矩形,占地约 200 亩(1 亩 ≈ 666.7 m²)。此外,校东还设置农场 100 余亩,供学生实习用。

学堂的校园及建筑规划设计,由张之洞委派湖北师范学堂堂长胡钧参照日本东京帝国大学的蓝图制定。校园被正向的道路分成较为规整的功能区块,2 块教学及办公区居于临东西主路的南侧和临成贤街的校园东侧,教师和学生的生活区分别位于西侧与北侧,教学辅助区及运动区则间或其间布置。校园有校门 3 个:南面 2 个通过南围墙外的辅道及单牌楼巷与四牌楼街相连,西面 1 个正对西侧进香河上的西仓桥通往石婆婆巷,其中位于一字房南面的为主校门。

整个校园中的南主校门—一字房—主操场—斋舍间的空间关系工整,是校园中对称的空间主轴所在;口字房至南侧次校门的轴线是校园的空间次轴线。两轴间距较开而联系稍有不便,但也为后续发展留下了相对宽裕的空间余地。

1905 年附小成立后,暂借进香河西侧原昭忠祠。正门朝南通往大石桥路,与学堂间由跨进香河的小桥相连。1909 年后,学堂扩征了校园东南隅 67 余亩菜地一块,作为附中校园之用。

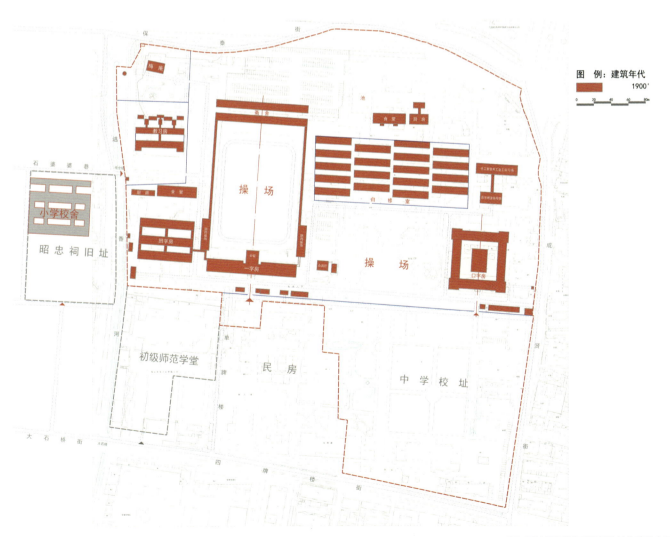

三江/两江师范学堂时期教学区总平面(1904—1911 年)

单 体

学堂初始期校园建筑的式样可分为大两类：西式类——以由湖北师范学堂堂长胡钧奉命前往日本考察后带回的、日本19世纪后半叶起向欧洲西方国家学来的文艺复兴时期砖石拱券结构为蓝本，教学及办公用的一字房、口字房和日本教习所居的教习房属此类；中式类——源于中国传统建筑技艺，中国教习住宿的田字房、学生用自修室等属此类。虽然两类均系砖木结构，但前者为砖墙、砖柱承重，木屋架，后者为木梁柱结构、砖墙围护。因而形象上前者略偏端庄，后者更加轻盈。

■ 一字房

正对校园南大门的二层（局部三层并于中部设有四层高的钟塔）条形西式楼房，建成于1904年，是校园内最早建成、最为重要的建筑。这幢总长近百米的砖木结构建筑，四周外墙饰以西式的清水砖砌拱券柱廊，做工精致、气势壮观。至今尚存于南京大学校园内的两江督查李瑞清所书"两江师范学堂"石刻校名牌即镶嵌在此楼南立面的正中上方。

建校初期，一字房以办公为主。内有监督（校长）室、教务长室、斋务长室、庶务处办公室、教职员室，及礼堂和小型图书室等。其中的礼堂颇为高大，其上首设有供着孔子牌位的飨台，每月朔望日监督率领全体师生在此拈香。后期该建筑以教学为主，设有讲堂（教室）24所。

南京高等师范学校（简称"南高"）以后，此处一直为师范学院之所在。国立中央大学（简称"中大"）时期改名"南高院"，师范学院除体育系在体育馆、艺术系在梅庵以外，各系的研究室、教室、绘图室等均在此。该楼中部的三层及以上的钟塔于抗战时期被毁，修缮后整栋楼的外表面被覆以水泥砂浆。

南京工学院（简称"南工"）时期，此楼为机械系等之所在。1963年，南高院被拆除新建。

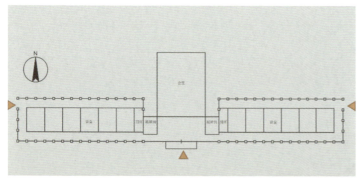
一字房平面复原

一字房西南向外观

李瑞清手书"两江师范学堂"校名牌

一字房东南向外观

一字房南侧（两江）师生合影

一字房北侧（南高）师生合影

校园主门

一字房南侧某庆典场景

教习房

位于主操场以西的 2 排西式砖木结构二层楼，建成于 1904 年，是日籍教习专用的宿舍。楼后有小型辅助建筑，北侧是后被称为"梅庵游园"的花园。

此楼建成前，教习们曾暂住在进香河西侧的昭忠祠内。南京工学院时期的 1978 年，教习房被拆除新建留学生宿舍。

教习房东南向外观

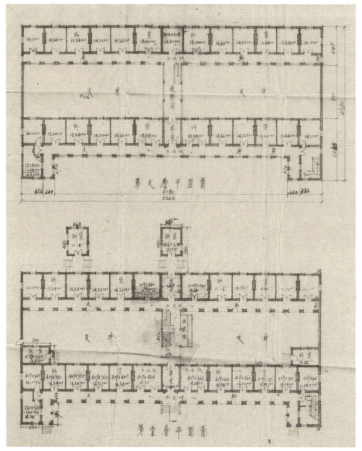
教习房平面测绘图

教习房西北向外观

■ **田字房**

位于主操场以西、教习房以南的3排砖木结构的二层中式楼房，建成于1904年，是中国教习住宿用房。其北侧与西侧设有食堂、厨房及其他小型辅房若干。

因其3排之间有左中右三路纵廊相连，后被称为"田字房"。

学堂的附属中学成立后，此处一直作为附中学生的自习室、寝室等之用。

国立中央大学时期的1933年，田字房被拆除新建西平院。

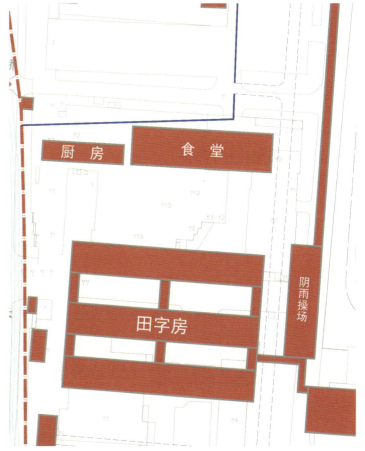

田字房及周边建筑总平面

田字房东南向外观

■ 口字房

位于副操场以东的两排西式二层楼房，建成于1906年。平面呈"口"字形，内院中有独立的大教室。

初建时以教学为主，内有各科教室、实验室、标本器械室、石膏模型室，及教务处、督学办公室、教员休息室等；后期，随着监督（校长）、教务长、庶务长等办公室的迁入，口字房转为学堂的行政中心。

1923年12月11日凌晨，口字房突然起火。虽经众师生全力扑救，终因风大火猛、水力不敌，口字房被全部焚毁。

1927年，经全校师生捐款、争取外资基金等多方努力，在口字房旧址上建成了后来的"科学馆"。

口字房东立面房间开间推算

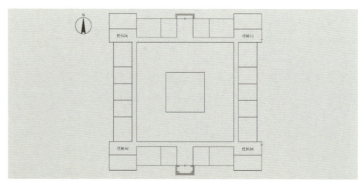

口字房底层平面复原图

口字房东南向全景外观

- **斋舍（01）**

  主操场北面的2排西式二层学生住宿楼，共百数十间，每间四铺位。

- **阴雨教室（02）**

  位于主操场南部对称的两侧，是室内的体育教学场所之所在。两端各有连廊，将主操场南北的一字房和斋舍连为一体。

- **会宾厅（03）**

  位于一字房东侧、副操场以西独立的西式平房。国立东南大学（简称"东大"）时期为"江苏省昆虫局"所在。

- **特别教室（04）**

  位于口字房以北以连廊相连的两排平房。前排为音乐室、琴房，后排为手工教室、木工以及金工实习工场、工具材料储藏室等。南高时起，此处改为化学教室和化学实验室。

- **自修室（05）**

  位于副操场以北的中式平房18排，始建于1905年。初建时以学生自修室为主，每排（斋）分五间（号），每号设12个自修座位。其内辅设有阅报室、整容（理发）室、医室和调养室等，其后另设有食堂与厨房。

  南高时起，此处改为学生宿舍。

校园中部建筑总平面

自修室外观

会宾厅与阴雨教室东南向外观

梅 庵

位于校园西北角花园内正对南朝遗株古圆柏"六朝松"的茅屋 3 间，建筑面积约 100 m²，设有门廊。屋前两侧有八角草亭一座和古井一眼，形成环境幽雅的游园。地理教习姚明辉曾在此编写讲义。南高成立后，为纪念两江师范学堂监督李瑞清（号梅庵）先生，此处被命名"梅庵"，门前挂有李瑞清手书的"嚼得菜根 做得大事"木匾。在南高任教的音乐家、古琴家王燕卿先生曾在此教授古琴，因而有"梅庵琴派"传世至今。

梅庵不仅是学校的会议讲习和茶话休闲之所，也是红色革命基地：1921 年 7 月 1 日，少年中国学会第二届年会在此召开；1922 年 5 月 5 日中国社会主义青年团南京地委在此成立；1923 年 8 月 20—25 日，中国社会主义青年团第二次全国代表大会在此召开，毛泽东、邓中夏、瞿秋白都曾莅会致辞并做报告。

1933 年，梅庵在原址上拆除新建。

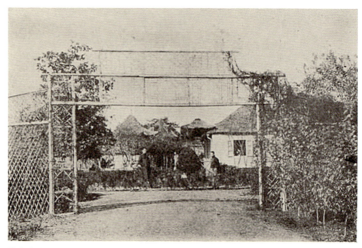
梅庵游园入口旧照

梅庵游园全景旧照

梅庵游园六朝松旧照

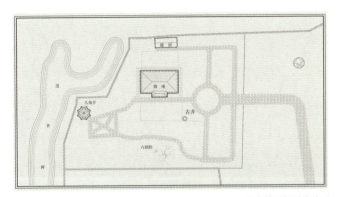

梅庵游园复原总平面

梅庵复原模型

梅庵游园复原模型全景

二

承前启后的南高苑
1915·南京高等师范立校

概 况

1912年，共和国初兴，立新制、育国民、兴学风起。1914年8月，江谦出任"南京高等师范学校"校长，并于两江师范学堂原址勘察、筹建校园。1915年8月，南高招生开学。

由于1913年后南京两经兵事，两江师范学堂数易驻军，校舍房屋破坏已甚，损失惨重。共有近200间校舍焚毁……1915年1月，学校成立校舍筹备处，对修复损毁房屋所需工料价做出核定后即开工修理。至8月全校已修缮损毁的房屋670余间，耗资达58 000元。

其后，南高附属小学与附属中学也进入筹备阶段。

1916年1月，学校获拨宁属师范校舍为本校附小校址。4月接收校舍，12月开始修建附属小学校。1917年2月，南京高等师范学校附属小学正式开学。

附属中学也于1917年春开始筹备，9月正式开学。

1921年，在南高基础上成立了"国立东南大学"。同年，南高最后一届招生，次年起不再招生。

1923年秋，南高与东大共存了2年后停止招生。

1926年，南高最后一届学生毕业。

总 体

南京高等师范学校的本部位于校园东西向主干道及以北,与原两江师范学堂重合。除修缮损毁的建筑以外,还在口字房北侧的成贤街边增设了校园的东入口,并对园内建筑的功能做了必要的调整:自修室平房改为南高学生住宿区,中国教习住宿的田字房改为附中学生住宿兼自修区,主操场北侧结合原斋舍楼残存部分的改扩建形成学生实习区。此外,还增设了大量的连廊,将教学办公、住宿、实习乃至运动各区连为一体,既便利了师生的学习与生活,也为校园空间营造了温馨的氛围。

南高校园的最大变化在于校园本部以南。西南隅的原宁属初级师范校园划归学堂后,小学部开始在该校园的基础上根据需要增建;东南隅的中学部也开始了专用的教学和办公用房建设。

最为重要的是,由于中、小学部的建设,原本退隐的校园南缘变为大部分直临四牌楼街,这为校园主入口向城市道路打开提供了绝佳的机遇。新增的校园南向主入口设于中学部西侧的四牌楼街边,正对一字房与口字房之间的辅操场。这一明智之举,除了为中学部提供进出,还解决了本部因两栋主建筑相隔较远、原校园入口难以兼顾之弊端。更为远期现代大学校园的完整布局,留下了大有可为的前场空间。

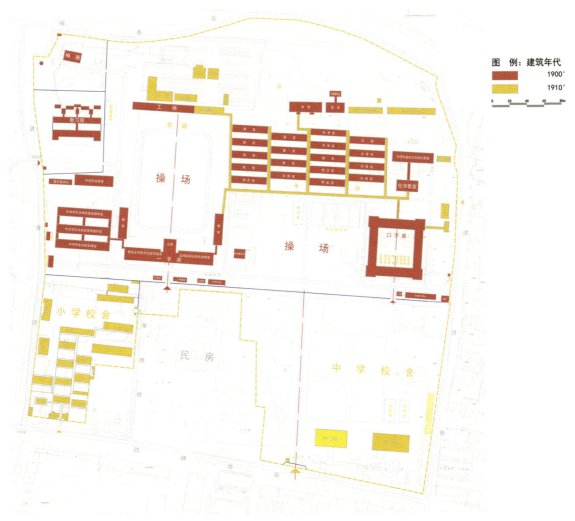

南京高等师范学校时期教学区总平面(1915—1920年)

15. 口字房	13. 辅操场	11. 厕　所	09. 发电室	07. 工场及工匠寝室	05. 主操场	03. 教习房	01. 一字房
16. 食　堂	14. 平房寝室	12. 会宾厅	10. 储油室	08. 工场及材料室	06. 东操室	04. 西操室	02. 田字房

南京高等师范学校北极阁方向全景鸟瞰

01

02

03

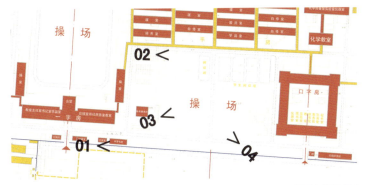
校园中部总平面

04

单 体

南高时期,校园本部的单体建筑以修缮和功能调整为主,新建的单体建筑数量和体量均不大。前者是结合原有两江学堂遗构改扩建而成,如工艺实习场;后者是为南高的教育实验基地而建的新建筑,如附中的中一院、中二院和附小的杜威楼、望钟楼。

这些改建和新建建筑虽仍以砖木为材,但在形式上进一步向西方古典风格贴近,为校园整体建筑风格的形成奠定了基础。

■ 实习工场

位于主操场北侧原三江学堂斋舍后排的基址之上。1918年始建时为7开间砖木结构西式楼房,高二层,建筑面积约620 m^2。墙体以明代旧城砖砌筑,屋顶为三角形圆木屋架上覆白铁皮。底层门楣上方,刻有"工艺实习场"五字。西南角墙嵌有"南京高等师范学校工场立础纪念"奠基石。该建筑是校园现存建筑中历史最久一例,现为国家级文物保护建筑。

1948年,其北侧和东侧先后曾有所加建,形成校园内的实习区域,先后有木工、金工、铸造、锻造等工艺实习内容安排于此。2015年,连同东侧1948年的加建部分共12开间被修缮加固。现为东南大学四牌楼校区的校史馆。

底层及二层平面

工艺实习场西南向外观旧照

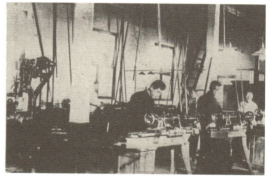
工艺实习场内景旧照

工艺实习场东南向外观旧照

工艺实习场立础纪念碑

工艺实习场（校史馆）内景现状

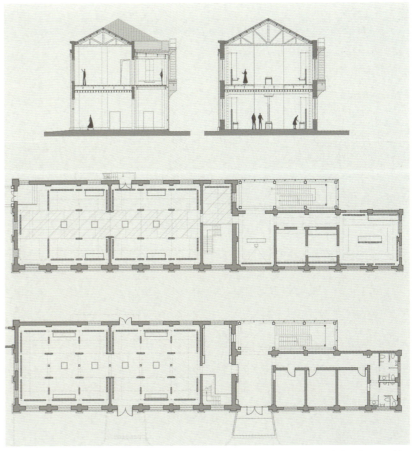

工艺实习场（校史馆）修缮设计平面及剖面

工艺实习场（校史馆）东南向外观现状

中一院

位于校园中学部的东南角,是为附中专门建造的第一座教学楼,建成于1919年,是南高的教育实验基地。中一院为砖木结构的西式楼房,建筑高二层,占地804.2 m^2,建筑面积1 608.4 m^2。

国立中央大学成立后,中一院被划为大学部使用。其楼名也随之更为"东南院",是法学院所在地。该院各系的教室、研究室、图书室均在此。

南京工学院(简称"南工")时期起为公共教室,1982年拆除新建。

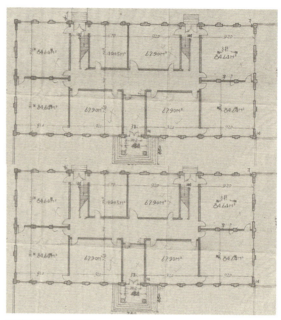
底层及二层平面测绘图

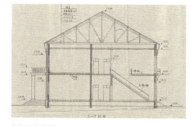
剖面测绘图

东立面测绘图

南立面测绘图

中一院西南向外观

中二院

位于校园中学部的中一院西侧,亦为附中专门建造的南高教育实验基地,建成于1922年。中二院为三层砖木结构的西式楼房,建筑高三层,占地679.8 m²,建筑面积2 039.4 m²。

国立中央大学成立后,中二院被划为大学部使用。其楼名也随之更为"中山院",是文学院所在地。该院各系的教室、研究室、图书室均在此。

南工时期的1952至1958年为建筑系所在,其后为公共教室。1982年拆除新建。

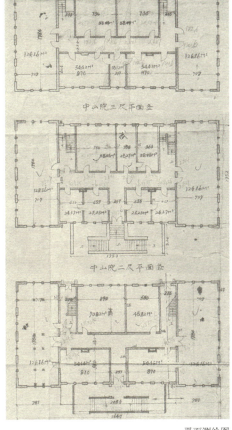

平面测绘图

南立面测绘图

东立面测绘图

剖面测绘图

中二院东南向外观

三

架构初具的前东南
1921·国立东南大学成型

概 况

1920年4月，南高的时任校长郭秉文在校务会议上提出在南京高等师范学校校址及新近获赠的南洋劝业会旧址上建立大学的建议，得到一致通过。1921年6月6日，校董大会召开，"国立东南大学"（简称"东大"）正式宣告成立。

原南京高等师范学校随后并入东大，直至1923年7月，校行政委员会议决即将南高校牌撤去，南高附属中、小学同时改为东大附属中、小学。

对成立伊始的东大而言，在清末三江师范校址上修补沿用的原南高校园现状，对今后发展的不利是显而易见的。于是，重新规划建设校园成为一项重要任务。1921年，东大首任校长郭秉文亲自出面，聘请了当时在之江大学任职的美国建筑师威尔逊（J. Morrison Wilson）为东大做了新的校园规划设计方案。

威尔逊是之江大学1920—1926年间大部分建筑的设计主持者，曾为其他教会学校如金陵大学等提供过建筑设计服务。

以威尔逊规划方案为基础展开进一步深化设计的是上海"东南建筑公司"。该公司的主持人吕彦直具有毕业于美国康奈尔大学的教育背景、长期协助美国建筑师茂飞落实设计方案的不凡经历，以及刚独立开业不久的公司资历，不失为预算有限的东大最佳的选择。

南高/东大并存早期主校门外观

南高/东大并存晚期主校门外观

国立东南大学主校门外观

总体

建筑师威尔逊所做新的校园规划采用低密度、开放式布局，建筑围绕开放、纪念性的绿地布置，形成聚合、多轴线的格局。这一校园模式自1920年代起在美国极为盛行，很快取代了英国封闭的合院模式。

鉴于校园北部已几近占满，威尔逊将主要范围集中于校园南部主干道的两侧及东南隅：首先，在东西干道北侧居中布置了大礼堂与两侧的科学馆（东）、工业馆（西），形成与纵轴线呼应的横向空间界面以及交界处的中心花坛；其次，在中心南面的两侧对称布置了图书馆、生物馆，形成核心区周边主体建筑的三足鼎立之势；再者，将生物馆与中一、中二两院相对而立，并在其间的花园东面设置了南北走向的新教室，有效围合了东侧的开敞式空间。开放、有序的校园空间格局就此成型。

而东南建筑公司的方案细化，则将威尔逊方案的理念予以扩展至整个校园，成贤街乃至珍珠河以东、四牌楼街以南、西南隅的附小校园也一并纳入了规划设计范围。功能配置更趋完善，整体气势愈加宏阔。

然而，因校园现状及经济实力所限，新规划的实施则是以威尔逊方案为主要依据，聚焦校园核心区域及东南隅。

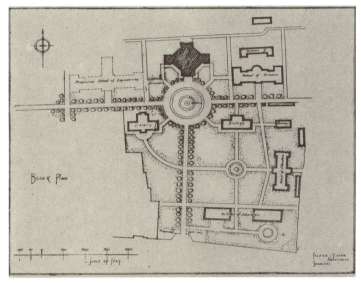

大礼堂总平面设计图所示的威尔逊校园规划

01 大礼堂
02 办公厅
03 孟芳图书馆
04 物理馆
05 化学馆
06 文哲院
07 历史美术馆
08 地学馆
09 法政院
10 教育院
11 体育馆
12 农科校舍
13 工科校舍
14 群育院
15 男生宿舍
16 女生宿舍
17 中学部
18 小学部
19 观象台
20 医院

东南建筑公司所做的校园规划鸟瞰图

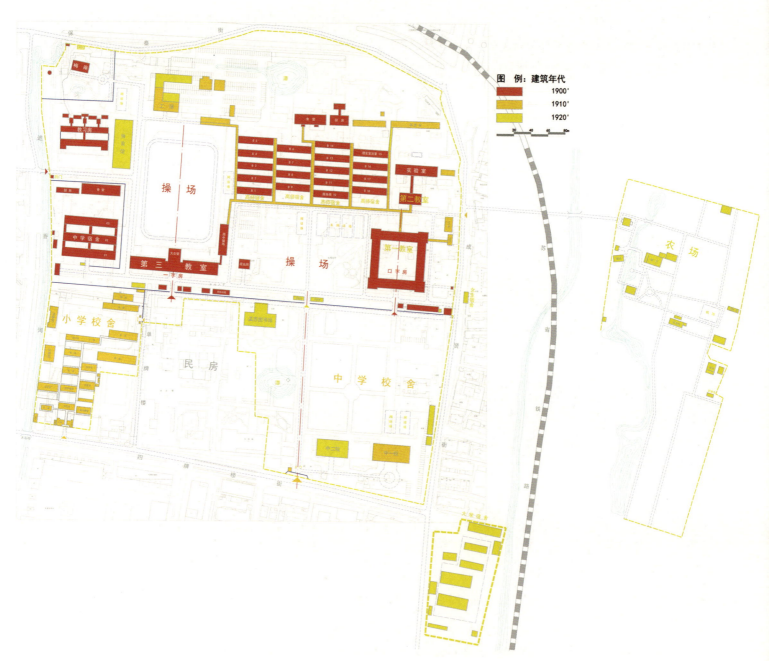

南京高等师范学校/国立东南大学时期教学区总平面（1921—1922年）

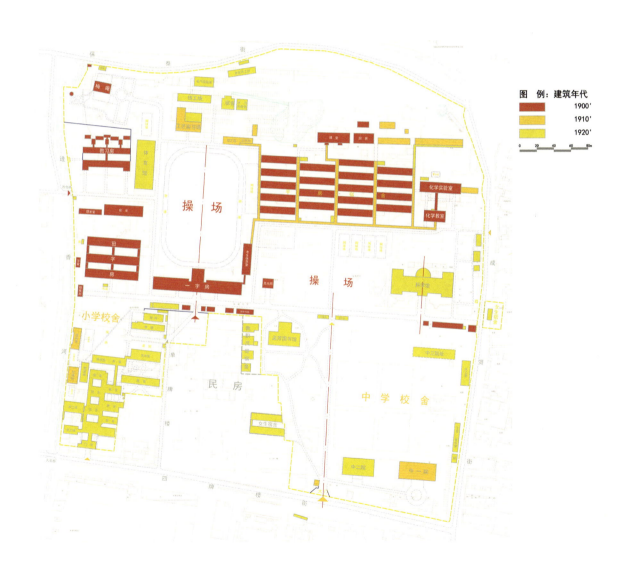

国立东南大学时期教学区总平面（1923—1927年）

单 体

虽然具体建筑的设计师并非威尔逊，但他的规划方案图所勾勒出的建筑单体轮廓，在很大程度上控制了校园核心区及周边建筑的风格走向：正对南校门而立的大礼堂及其南面两侧的图书馆、生物馆对应了西方古典主义风格，而核心以外的科学馆、新教室等的轮廓意向则为建筑风格的选择留下了相对自由、实用经济的可能性。

而威氏规划范围以外的体育馆则与已建成的中一院、中二院的砖砌体古典式样保持一致。

■ 孟芳图书馆

东大开办之初，校长郭秉文及校董会即深感作为一所大学，"本校之急务，莫切于图书馆"，且"其皮藏之室，陈列之所，阅览之地，又非恢弘其基，精严其制期适万众而垂百禩不可，因陋就简则非体"。因而在新规划的校园中心建筑中首先考虑启动图书馆，并在经费紧张的情况下了发出了募捐启事。郭秉文亲函江苏总督齐燮元说服其父捐款十五万元，校方还另筹措三万余元资金。这座当时国内最为先进的图书馆于1922年1月开工、1923年建成、1924年6月25日举行了落成典礼，并以齐父之名命名为"孟芳图书馆"。

该馆的设计者为法籍建筑师帕斯卡尔（Jousseume Pascal），建筑平面呈"T"字形。地上2层，地下1层，占地730余 m²。其内部的南侧底层两侧为大阅览室，二层设陈列、报刊及办公室；北侧为上下共四层钢制书架，藏书10万册。外观四边饰以爱奥尼柱式，南侧设三角形山花门廊。作为新规划后建成的第一幢重要建筑，其庄重典雅的西方古典主义风格，为校园核心区后续建筑奠定了基调。

1933年，为增加图书馆期刊和藏书量，东大对孟芳图书馆进行了扩建，由基泰工程司建筑师杨廷宝完成建筑设计。扩建工程在原馆东西两侧加建了阅览室、北面加建了书库，共占地1 272.36 m²，建筑总面积达4 007.5 m²。

孟芳图书馆设计效果图

孟芳图书馆东南向外观旧照

扩建后的图书馆东南向外观旧照

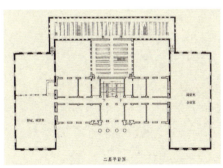

扩建后的二层平面

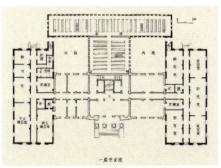

扩建后的一层平面

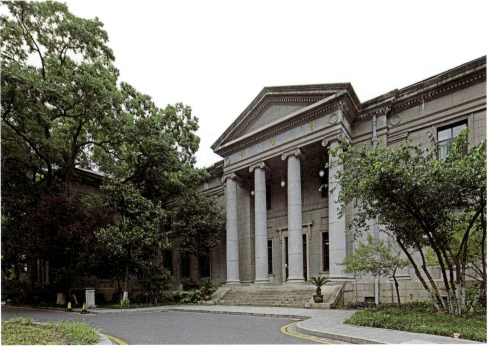

扩建后的图书馆东南向外观现状

■ 体育馆

位于主操场西侧偏北,坐西朝东。1922年1月和图书馆同时举开工奠基典礼,1923年建成。建筑高二层,占地面积1 185.16 m²,建筑面积2 316.9 m²,檐口高度为10.5 m,屋脊高度为16.9 m。

馆内一楼设有解剖室、举重室、乒乓球室、浴室及锅炉房;二楼为木质楼板的大空间,可进行篮球、排球、体操、羽毛球等多项活动,四周的看台可以容纳观众近2 000人;三楼为长约160 m的室内环形跑道,可以供雨天上课之用。屋顶为大跨木桁架加钢拉杆结构,屋面为铁皮与夹丝玻璃组合。整个建筑为简洁素雅的西方古典样式,外立面为青砖饰面,入口处门廊有一双面上下的西式开敞扶梯。

体育馆落成后,不仅作为体育健身之所,诸多重要活动亦常于兹举行。1924年4月20日,印度文豪泰戈尔来东南大学时曾在馆内演讲,轰动一时。1928年的全国教育会议也在此召开。

1936年,在体育馆北侧建了一个室外游泳池(后拆除)。
体育馆现为全国重点文物保护建筑。

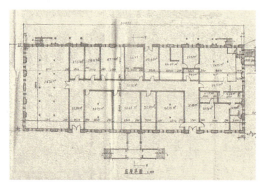
一层平面

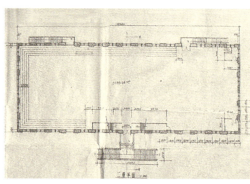
二层平面

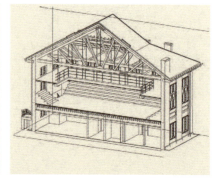
剖轴侧示意

体育馆入口旧照

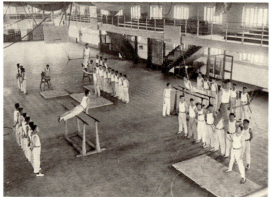
体育馆内景旧照

体育馆东南向外观旧照

体育馆东南向外观现状

科学馆

1922年间，美国的洛克菲勒基金会中华医学基金会，拟在中国科学力量最强的大学建造一所科学馆，经调查后认为东大的科学研究力量居全国之首。1923年口字房失慎被焚后，经校方与洛氏基金会商议决定建造科学馆。科学馆由中方负担（含东大师生捐款）10万元、美方负担10万美元。1924年，该工程在口字房基址上破土动工，1927年建成。落成后，洛氏基金会又捐助设备仪器费5万美元，开国立大学接受外国基金会资助的先例。

科学馆的设计由东南建筑公司承担，是威尔逊规划方案实施中紧随图书馆其后的第二座，也是东大校园内由中国建筑师（公司）设计的第一座建筑。西方古典主义风格的科学馆坐北朝南，地上三层，地下一层，平面呈"工"字形。占地1 748.21 m²，建筑面积5 234.11 m²，檐口高度为12.5 m，屋脊高度为18.2 m，三角桁架坡屋顶。南边入口处有爱奥尼柱式的门廊，楼内各科学研究用房布置在走廊两侧，北部中央还有圆形的大阶梯教室。

该馆建成后，理学院的数学、物理、地理、地质及化学系的部分均在此，南工时期以后为无线电工程系所在。

东南大学时期，馆名曾改为"江南院"，现名"健雄院"，为信息学院和吴健雄学院所在，是全国重点文物保护建筑。

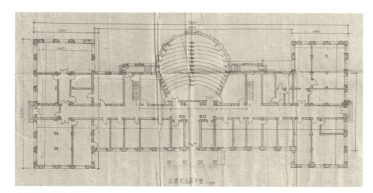
底层平面测绘图

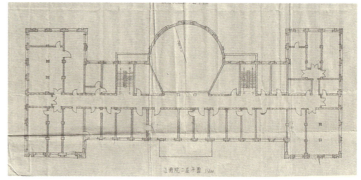
二层平面测绘图

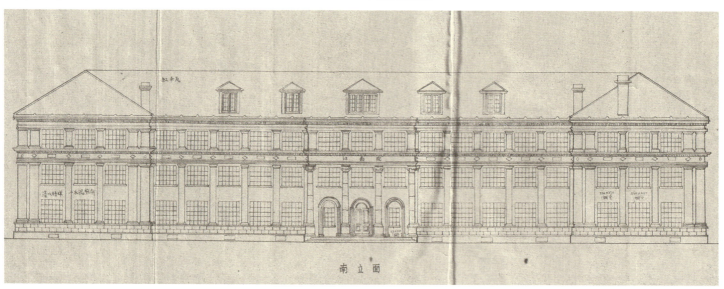
南立面测绘图

科学馆西南向五十年代外观旧照

科学馆（现健雄院）西南向外观现状

科学馆西南向三十年代外观旧照

四
经典中正的四牌楼
1927·四中大／中大扩容

概 况

1927年，国民政府试行"大学区制"。江苏省以国立东南大学及其附设上海商科大学为基础，联合河海工科大学、江苏法政大学、江苏医科大学、江苏公立南京工业专门学校、江苏公立苏州工业专门学校、南京农业专门学校、上海商业专门学校等校，组建了"国立第四中山大学"（简称"四中大"）。

四中大共设九个学院和一个统辖全省的教育行政院。医学院和商学院在上海，农学院在三牌楼南京农专旧址。工学院一部分在复成桥南京工专旧址，另一部分和其他学院在四牌楼本部。教育行政院设在镇江。

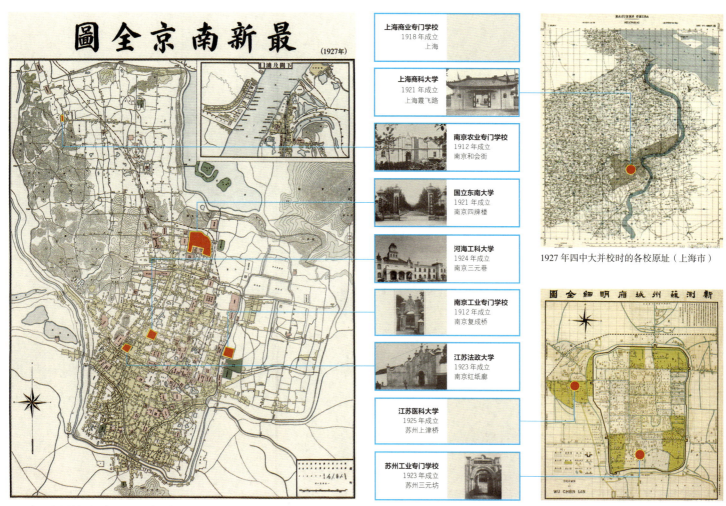

1927年四中大并校时的各校原址（南京市）

1927年四中大并校时的各校原址（上海市）

1927年四中大并校时的各校原址（苏州市）

1928年2月，学校易名"江苏大学"。4月又易为"国立中央大学"（简称"中大"）。原东大附属小学与中学合为一处，扩充为从幼稚园到小学、初中、高中全覆盖的"中央大学附属实验学校"。此后的国立中央大学由学区制时的混乱走向稳定，逐步得到充实和发展。

四牌楼校区的建设方面，除了礼堂以西的工业馆外，威氏方案中的空间规划及建筑形态设想均得以实现，大大改观了校园的整体尤其是直临成贤街的南区面貌，展示出国立大学的非凡风姿。

1934年，为拓展办学空间，学校曾计划另辟新址，建设新的校园。并紧锣密鼓地择地、征选规划设计方案，于1937年5月开工建设。

1937年7月，随着抗战的全面爆发，不仅已然启动的新校区建设无法继续，校本部也屡遭日机轰炸而使教学难以为继。1937年10月，中大举校分散西迁至重庆、成都和贵阳。10月4日，中国红十字总会在南京成立首都办事处，选定中大的图书馆为办公地址。同时，利用空置下来的校园开办了"首都医院"援护伤员。直到11月中旬，红十字会办事处和首都医院才奉命撤出南京。该医院一直工作到11月中旬，才奉命撤出南京。其后，四牌楼校园则被入侵南京的日军侵占。

抗战胜利后的1945年，学校即开始了四牌楼和丁家桥校园的全面修复和建设工作。1946年秋，中大复员南京，11月复校开课。

1931年东南大学东南向鸟瞰旧照

国立中央大学的校产，处于校史上第一次发生巨大发展和变化的时期。教学区包括抗战前的南京四牌楼、丁家桥、三牌楼校区，和抗战时西迁四川的沙坪坝、柏溪村、华西坝校区，以及贵阳的马鞍山实验学校校区。

此外，还有数量众多的农学院的农事试验场地。至1937年时，分布于本地和外地的农、林、畜牧、园艺、蚕桑场和农事制造所等就多达20处、总占地面积近2万亩。

如图所示的农学院所拥有或租借（带*者，含部分后转为校产）的各类农事试验场地中，有南高和东大时期的10余处（绿色点表示），还有中大早期若干处（黄色点表示）和中期以后（包括西迁期间）补充的试验场若干处（蓝色点表示）。

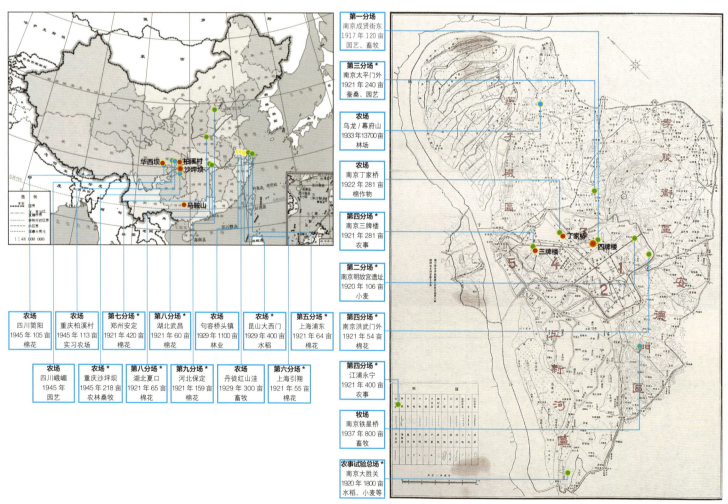

中央大学外地校产分布示意图【审图号：GS（2016）1600号 自然资源部监制】　　中央大学本地校产分布图（1940年南京市市区图）

总 体

中大时期四牌楼校区的建设发展可分为与国家及学校整体状况相应的几个阶段：抗战前的发展期、抗战时的插建期和抗战后修整期。

抗战前的发展期中，校园建设取得了稳步的进展：四牌楼主校园的核心区得以实质性充实，东南区增加了建筑的围合并收归大学所用，东北区更新并局部向外打开，西南区予以扩充与局部更新；校东区增建了一组新新宿舍和辅助建筑。

抗战爆发时，日机的四次轰炸给中大校园带来毁灭性破坏。1937年12月，日军陆军医院及"兵头部队"侵驻中大校园，在根据其使用需求改变建筑功能的同时，曾做了见缝插针式的加建：在北区和南区增建了部分简易平房，用作医疗和辅助用途。

抗战胜利后，应办学规模剧增的学校复员南京之需，中大即开始了又一轮的以填充为主的修整建设：拆除礼堂北部和西区中部损毁严重的平房，搭建临时木棚用作辅助教学用房；西北区增建了部分工艺实习用房；南区中部向南进一步拓展；沿成贤街一线零星插建了部分教学实验用房。此外，还增建了校东数量可观的师生住宿和服务用房。

国立中央大学时期教学区总平面（1928—1948年）

紫气东南

23 中山院	21 新教室	19 科学馆	17 金陵院	15 电力实验室	13 大操场
24 南大门	22 东南院	20 生物馆	18 大礼堂	16 北平房	14 工艺实习场

国立中央大学中晚期北极阁方向全景鸟瞰

国立中央大学早期校前区南向整体立面旧照

| 11 南高院 | 09 前平房 | 07 两江院 | 05 西平院 | 03 教习房 | 01 梅　庵 |
| 12 健身房 | 10 图书馆 | 08 侧平房 | 06 三江院 | 04 体育馆 | 02 修配工场 |

单 体

此时期的单体建筑有战前所建的校园核心及附近的教学用房，以及战中、战后插建的实习及辅助用房。核心附近的建筑秉承了国立东南大学时期的西方古典主义主体风格，插建的则多为简朴的砖木结构坡屋顶低层建筑。

■ 生物馆

位于中心花坛南侧中央大道以东，是威尔逊规划中的三座校园核心建筑之一。生物馆1929年建成，为我国首创的中大生物系所用。内设实验室、标本室、教室、研究室等。设计者李宗侃毕业于法国巴黎建筑专门学校的中国早期建筑师。

初建时为条形西式建筑，高三层，占地约800 m²，建筑面积2 400余 m²，檐口高度为13.2 m，屋脊高度约为16.4 m，三角桁架坡屋顶覆以金属屋面。南立面正中的二层高内凹门廊饰以爱奥尼柱式，与西面的孟芳图书馆相呼应，强化了校园核心区的古典主义氛围。1933年，因地下室积水等原因生物馆进行了重修。由时任中大建筑系主任的刘福泰先生主持，将原二层的凹门廊改为三层高的爱奥尼扶壁柱加三角山花入口，形式上与孟芳图书馆入口更相得益彰。还饰有恐龙等史前动植物图案浮雕，形象地反映了生物学科的特点。

南工时期，该馆为院领导办公楼。1957年，由时任建筑系主任杨廷宝先生主持方案、建筑系老师徐敦源和江苏省建筑设计院建筑师顾耕良合作完成施工图设计，在馆东西两端各加建了三层大空间作为图书室、绘图教室等，建筑面积增至4 048.95 m²。次年，建筑系迁入其内并改名为"中大院"。1981年加建了北后楼，增加了建筑物理实验室等2 700 m²。2012年，中大院曾进行过为期一年的大修，现为建筑学院用房。

生物馆初始南向外观旧照

立础纪念碑

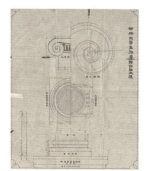

柱式详图

改建底层平面

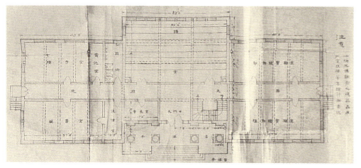

底层平面

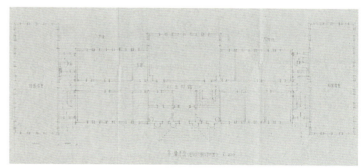

扩建底层平面

生物馆扩建后的东南向外观现状

中大院东南向外观现状

研究室

位于生物馆以东的二层加阁楼的西式砖混结构建筑。建筑占地277.91 m²,建筑面积833.78 m²。曾有连廊与生物馆相连,应是与生物系联系紧密的研究机构之所在。南工时期被称作"中大院东楼",一楼及东侧围墙内的其他平房同为校印刷厂用房,二楼及以上为研究生处、后勤处等部门办公场所。

2000年的东南大学时期,研究室及印刷厂其他用房被一并拆除,新建了校园内最高的高层建筑"逸夫建筑馆"。

新教室

位于校园东南沿成贤街一侧,是南北走向、带有装饰主义风格的二层西式建筑,建成于1929年。该建筑主入口位于西侧中部,大教室位于东侧中部。其他中小房间沿中走廊两端和两侧布置,东西两侧有开敞的通长外廊。建筑高二层,占地1 244.87 m²,建筑面积2 489.78 m²。

新教室建成后即为中大工学院所在,该院各系的教室、研究室、图书室均在此。因此1940年代以后,被称为"前工院"。

南工时期,该楼为公共教室。1987年被拆除新建后至今,仍沿用"前工院"一名。

研究室西南向外观

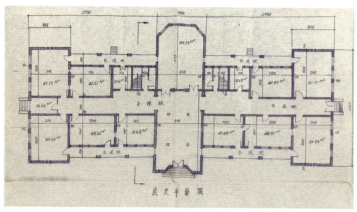

新教室底层平面测绘图

立、剖面测绘图

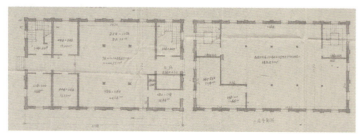

平面测绘图

新教室西南角近景

新教室西立面全景

新教室西北向 20 世纪 50 年代外观

工学院建筑系图房内景

大礼堂

位于中央大道尽端的校园中心以北，是威尔逊规划方案中最为重要的校园核心建筑。张乃燕任校长期间的1929年9月，中大正式成立大礼堂建设工程委员会并开始大礼堂建设相关事宜。时任中央大学建筑系主任的刘敦桢等数位教授，均以该委员会委员的身份参与了礼堂建设的设计审查等工作，卢毓骏教授全程主持了工程的建造。

1930年10月动工兴建后，曾因建筑师更换和经费短缺等故一度停滞。1930年底朱家骅接任校长后，利用国民会议即将召开之机，成功说服政府以与学校共建的方式为国民会议提供会场。最终，由国民政府出资25万元、校方筹资20万余元，大礼堂工程方得以继续，并于1931年4月底顺利竣工，保证了当年5月5日国民政府第一届全国代表大会的如期举行。

大礼堂的初始设计者，是留法回国的中国建筑师李宗侃。设计开始后不久，因设计理念及费用等问题双方没能达成一致，大礼堂设计工作终止，改由英国的公和洋行接替进行，工程建造则由新金记康号营造厂完成。

大礼堂建筑占地2 025.6 m²，建筑面积4 320.4 m²。八角形观众厅和门廊高三层，两翼及后台高二层。中心为可容2 700余座的观众厅，两翼为行政办公。建筑风格为西方古典主义，外立面为水刷石粉面、雕花木门、钢窗，门廊饰以三角顶山花与爱奥尼柱式。

大礼堂奠基仪式合影

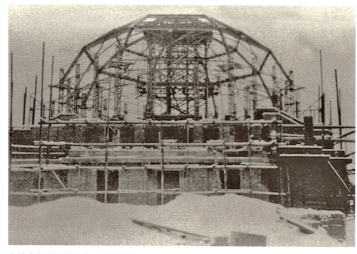

大礼堂穹顶钢结构施工现场旧照

1930年代中期大礼堂西南向外观旧照

最具特色的大穹顶模仿欧洲文艺复兴时代风格，采用钢构架木壳板封顶外贴油毡及铜皮，顶高为 31.2 m。大礼堂建筑的设计与施工代表了当时精湛的建筑技艺水准，是我国近代建筑中难得的杰作，在全国高校中亦不多见。大礼堂建成后，便以其端庄大气的造型成为本校的标志，更被海内外校友视为母校的象征。

1937 年后的日军侵占时期，中大校园被用作陆军医院，大礼堂的穹顶上曾被涂有巨大的红十字标记。

1965 年由时任南工建筑系教授的杨廷宝先生主持建筑方案、江苏省建筑设计院建筑师洪树荣完成施工图设计，在原建筑的东西各加建了三层教室。扩建部分的建筑占地 848 m²，建筑面积 2 544 m²。扩建后建筑总占地 2 873.6 m²，建筑总面积 6 864.4 m²。为全国重点文物保护建筑。

多年来，学校曾对大礼堂进行过数次不同程度的维修。其中包括 1994 年的东南大学时期，由著名校友余纪忠捐款 107 万美元对大礼堂进行的修葺。2002 年东南大学建校 100 周年之时，学校又对大礼堂进行了全面的翻修。

现在的大礼堂内除了中心礼堂和大小会议场所外，其他为东南大学四牌楼校区的能环、仪科、电子学院及研究生院等用房。

大礼堂竣工后的外观旧照

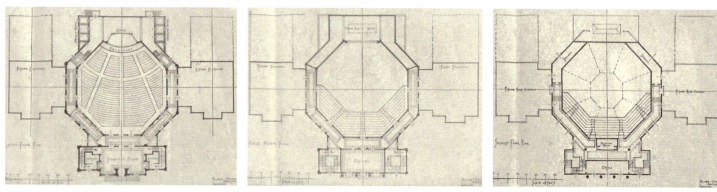

大礼堂平面设计图

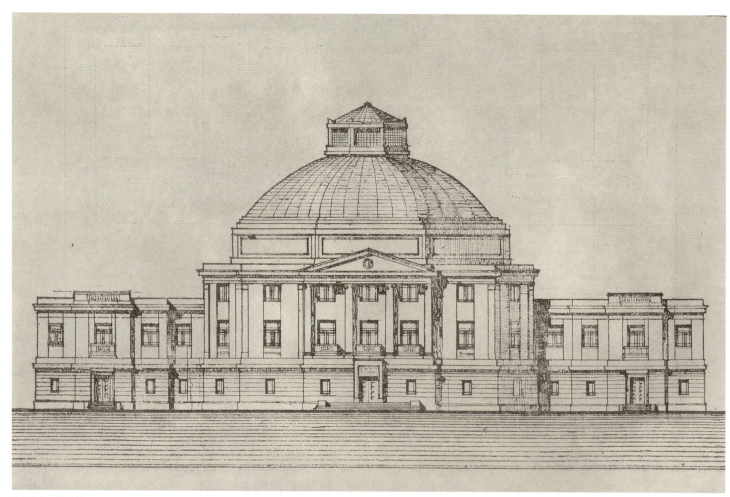

大礼堂立面设计图

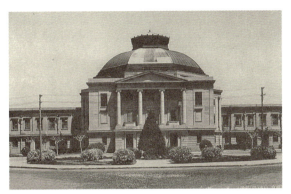

日军侵占时期的大礼堂正面外观旧照　　新中国成立十周年时的大礼堂正面外观旧照　　"文革"后期的大礼堂正面外观旧照

大礼堂正面外观现状

南大门

　　位于原南京高等师范学校和国立东南大学主校门原址，是学校的正门，1933年由基泰工程司的杨廷宝先生设计建成。这是一座由三间四柱梁枋组合而成的砖混结构门楼，面阔近13 m、檐口高度约8.3 m，门楣上方由右至左"国立中央大学"六个金字，熠熠生辉。南大门的造型端庄典雅、简洁大方，其西方古典凯旋门式样与同时期的其他建筑风格协调一致，是校园主轴线空间序列的南端起点，具有极高的象征意义。建成后，见证了许多师生参与的重大活动。

　　现门额上的"东南大学"四个大字，撷取自东晋书圣王羲之的名帖《圣教序》，现为全国重点文物保护建筑。

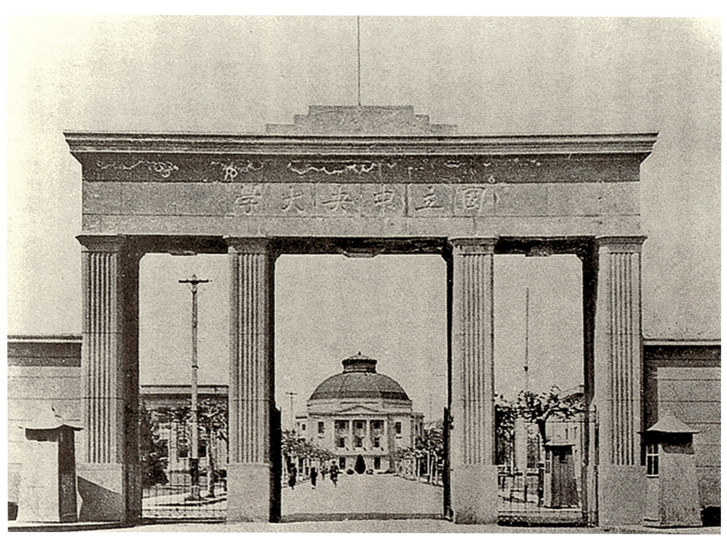

国立中央大学校门

罗家伦签署的大门施工申请公函

工务局签发的大门施工执照

日军侵占时期的日军兵头部队暨陆军医院南大门正面外观旧照

新中国成立初期南大师生在南大门前举行"抗美援朝 保家卫国"集会游行

新中国成立前夕中大师生在南大门前集会声讨美军暴行

国立南京大学时期南大门正立面外观旧照

南京工学院时期南大门正立面外观

东南大学南大门正立面外观现状

■ 西平院

位于原田字房基址,建成于1933年。这栋单层坡顶建筑的平面呈"工"字形,南面正中的入口门廊饰以西方古典形式的山花和柱式。建筑面积2 351.35 m²。

西平院曾被称之为"西平房",其东面与南高院毗邻,南面与三江院、两江院相对。初始为中大医学院所在,医学院搬至丁家桥校区后,作为理学院的气象系、化学系及其他教室等之用。

南工时期,西平院是财务及其他后勤部门的办公地。

1994年的东南大学时期,西平院拆除,在其基址上新建了"逸夫科技馆"。

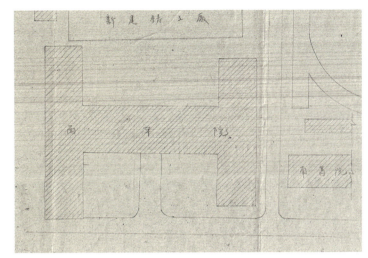

总平面

西平院东南向外观

三江院

位于校园西侧，建成于1934年。曾被围墙隔在中央大学附属实验学校（原东南大学附属小学）内，与主校区有开口相通。抗战胜利复员南京后归于大学部。三江院为简约的中式风格楼房，木屋架坡屋顶，外墙为清水砖饰面。建筑高二层，建筑面积992.88 m²。

南京工学院后期的1985年起，此处为校党政办公地，除校领导办公室以外，还设有人事、外事、党办、校办等部门的办公室。

1994年的东南大学时期，新建逸夫科技馆时，三江院被拆除。

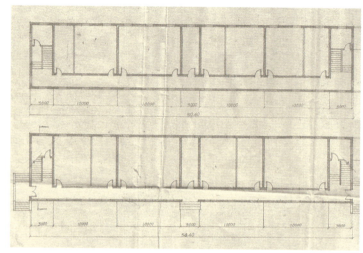
底层及二层平面测绘图

三江院西北向三维复原示意图

北立面测绘图

三江院北入口

东立面测绘图

两江院

位于三江院东侧,建成于 1934 年。亦曾被围墙隔在中央大学附属实验学校内,抗战胜利复员南京后归于大学部。两江院为西式风格二层楼房,木屋架坡屋顶,顶部设有老虎窗。外墙为清水砖饰面,转角有仿石砌角饰。建筑高三层,建筑面积 1 180.66 m²。

南京工学院后期的 1985 年起,此处为校部分职能部门办公地,学生处、教务处、科研处、研究生办等在此办公。

1994 年的东南大学时期,新建逸夫科技馆时,两江院被拆除。

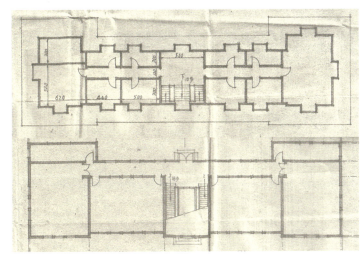
平面测绘图

两江院东北向三维复原示意图

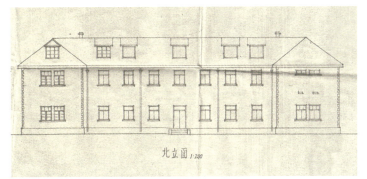
北立面测绘图

剖面测绘图

两江院西南向外观

梅庵改建

1933年，梅庵草堂被拆除新建。新的梅庵为简约的西方古典风格单层砖混建筑，建筑面积约203 m²，设计者是中国近代建筑师朱葆初。建筑坐落在宽敞的平台之上，入口位于东侧，房间分布在中走道两侧。南檐下有著名历史学家柳诒徵题写的"梅庵"二字匾额。

中大时期，此处为学校的音乐教室。南工后期，此处为艺术学院所在。

2021年的东南大学时期，梅庵被命名为"中国社会主义青年团二大会址"。

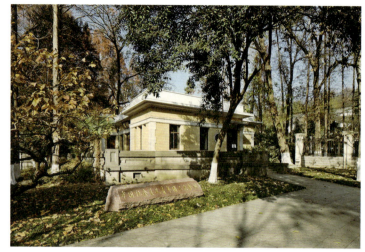

梅庵（团二大会址）东南向外观现状

梅庵（团二大会址）展陈平面

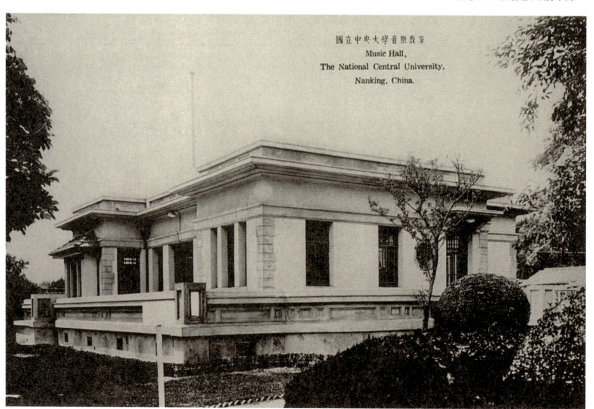

梅庵改建后的东南向外观旧照

牙科医院

1935 年 6 月，中大奉命开办了国立牙医专科学校，同时开始筹建中大医学院的牙科大楼。该楼的建筑设计由基泰工程司建筑师杨廷宝先生主持，1937 年建成。建筑高三层，占地 874 m²，建筑面积 2 622 m²。抗战胜利后，医学院迁至中大丁家桥二部，该楼改为医学院的"牙科（口腔）医院"。1952 年成立南京工学院后，口腔医院迁出。为纪念院系调整时并入南工部分系科的金陵大学，该楼被命名为"金陵院"。

1960 年，金陵院加建了西翼，由江苏省建筑设计院建筑师施守一完成施工图设计。建筑占地 1 189 m²，建筑面积 3 567 m²。

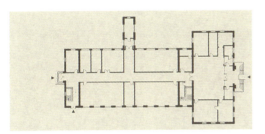
底层平面

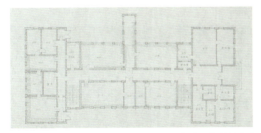
扩建后的底层平面

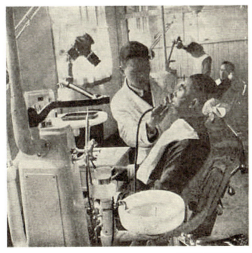
牙科诊室内景旧照

牙科医院东南角外观旧照

侧平房

位于图书馆西侧，建成于日军侵占时期的 1939 年。为自北向南排列的三排坡屋顶平房。建筑面积 4 002.35 m²。初建时为日军的炊事房。中大复员南京后曾对其进行了改造，属工学院第三部：机械系、航空系和化工系的实验室分设于北起第一栋、二栋，建筑系馆在第三栋。

1948 年 9 月，建筑系迁入第三栋时称其为"大平房"。一字形平面的中部是门厅、模型室、资料室、办公室和理论教室等。全系四个年级共用的大绘图房（设计教室）位于东端，美术教室位于西端。

建筑系共在此办学的 4 年，曾就读与此的学生有 1945—1949 级共 30 余名。其中有东南大学的钟训正、齐康院士，潘谷西、郭湖生、黄伟康、刘先觉等教授，以及同济大学戴复东院士等中国第二代著名建筑学家和建筑师。

1952 年，建筑系搬离后，该平房主要为热工设备用房。2020 年，学校成立"亚洲建筑档案中心"，侧平房北侧临南高路的第一栋被作为其启动工程予以维修利用。

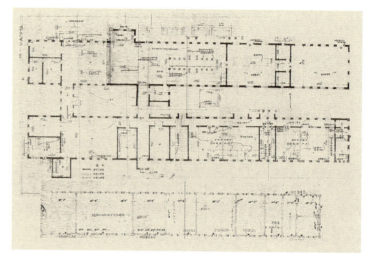
侧平房改造平面

第一栋屋架内景　　第一栋木料编号

侧平房第三栋西南角外观旧照

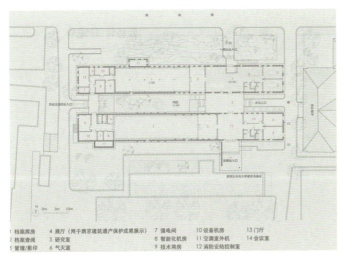

侧平房修缮规划设计平面

侧平房第一栋（亚洲建筑档案中心）修缮规划设计内景图

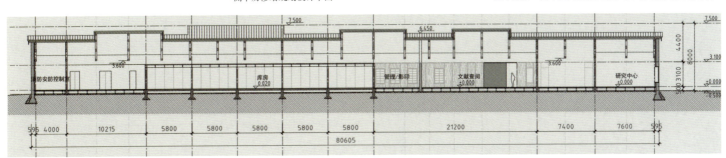

侧平房第一栋（亚洲建筑档案中心）修缮规划设计剖面

修缮后的侧平房第一栋（亚洲建筑档案中心）东北向外观现状

■ 前平房

位于图书馆南侧，建成于日军侵占时期的1939年，为前后设有廊相连的两排坡屋顶平房。平面为中廊式布置，入口设在走廊尽端。清水砖外墙，木屋架和瓦顶。建筑面积1 100余 m²，初建时为日军医院的病房和手术用房。

南工时期，前平房为校领导及职能部门办公处，马列主义教研组也曾在此办公。

1984年，前平房被拆除，在原址上建成图书馆新楼。

前平房东南向三维复原示意图

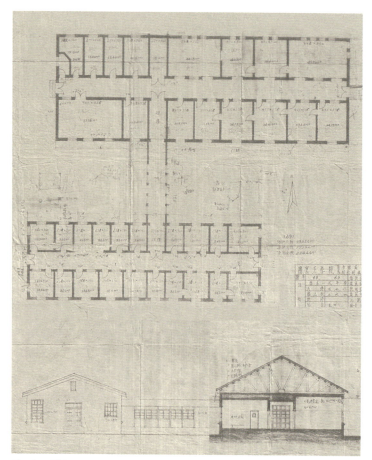

平、立面及剖面测绘图

前平房东向外观

■ 北平房

位于校园北区中部，西侧与实习区为邻，建成于日军侵占时期的1939年。建筑面积4 600余 m²，为陆军医院病房所在。

中大复员南京后，北平房为工学院的第二部所在，土木工程系、水利工程系、电机工程系、航空工程系等均在此办公。

南工时期，为土木系和外语、体育、马列教研组等系科办公室所在地。

2004年的东南大学时期，新建李文正楼时，北平房被拆除。

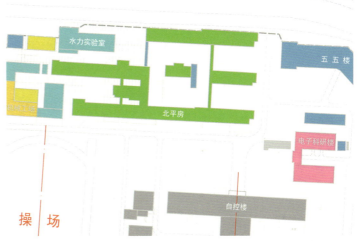

北平房及周边建筑总平面

北平房北入口

北平房及周边建筑鸟瞰

北平房东南向三维复原示意图

■ 新宿舍

位于校东的新宿舍区，建成于 1934 年。同期设计和建造的有新宿舍（含北舍、中舍和南舍）及其西侧配套的门房、警卫、食堂、厨房、理发、浴室、合作社等，由时任中大建筑系主任的虞炳烈先生主持建筑设计。

南京工学院时期，这一组建筑被先后拆除，其基址上新建了教师和学生宿舍楼等。

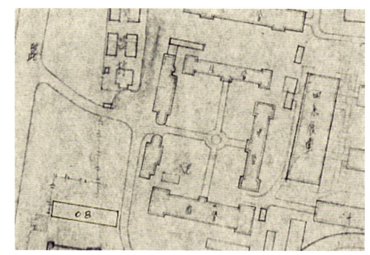

新宿舍（北舍、中舍、南舍）及西侧附属建筑总平面

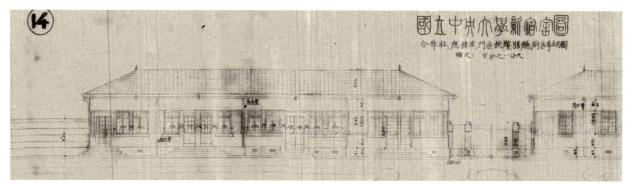

新宿舍西侧附属建筑立面

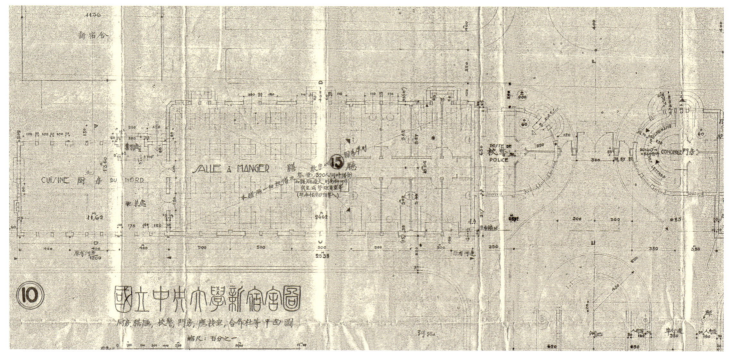

新宿舍西侧附属建筑平面

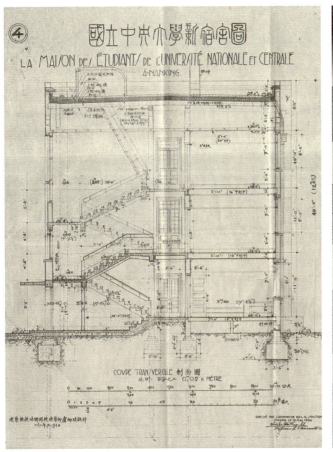

新宿舍（北舍）剖面

新宿舍（北舍）入口外观

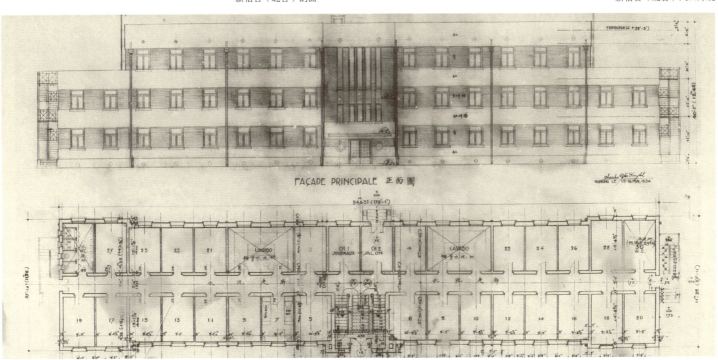

新宿舍（北舍）平面及立面

学生宿舍

抗战结束后的1945年，学校组成复员委员会开始着手复员南京的准备工作。下辖的工程组由时任国立中央大学工学院长的建筑系教授刘敦桢先生主持，完成四牌楼东区文昌桥一至七舍等新建、修缮工程设计，这些建筑于次年建成并投入使用。

南京工学院时期，这一组宿舍被翻建为多层的教室宿舍若干栋，现仅有其中的六舍尚存于东南大学文昌桥宿舍区内。

六舍西南向外观旧照

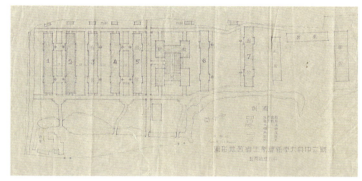
文昌桥学生宿舍区总平面

文昌桥宿舍建筑群西北向整体外观旧照

校友会会所

位于图书馆西南,始建于 1947 年,由校友集资捐建、建筑系教师戴志昂完成建筑设计。该会所(亦称"毕业同学会所")为砖木结构平房,建筑面积 300 余 m²,内设礼堂及小型会议、办公等用房。南工时期为校工会所在地,并改称"校友会堂"。

1986 年,该会堂被改建为钢筋混凝土结构的坡屋顶三层(局部两层)楼房。建筑占地约 720 m²,建筑面积约 1 900 m²。其内除了有供校友集会所用的会议及活动场所外,还有校工会、学报编辑部等部分单位的办公用房。

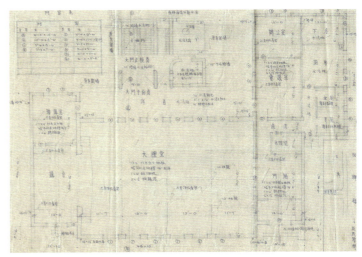
校友会会所平面

校友会会所东南向外观三维复原图

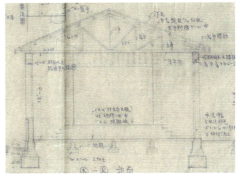
校友会会所剖面

校友会堂剖面

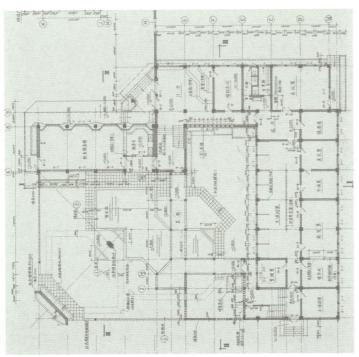
校友会堂底层平面

校友会堂东北向外观现状

國立中央大學鳥瞰圖

五

善始憾终的新校区
1935·马群/石子岗择地

概 况

1930年代的国立中央大学，除了上述充实和发展的情形之外，还有一个建设新校园的宏愿。时任校长罗家伦认为：处在"……首都城市中心之地，车马喧嚣，市气逼人，不宜于研讨学问，培养身心"，决心"要为国家在南京郊外，不是僻在山林，却又较离城市的地方，建造一个能容纳五千到一万学生的首都大学，不但环境优美，格局轩昂，而且其间有安置一切近代式的实习工厂和农场之余地"。

这个设想，得到了教育部部长王雪艇的同意，并经1934年1月国民党四届四中全会议决通过。同年9月，蒋介石核定中大迁校建筑费240万元，自1934年起支付。中大遂派员在南京四郊选址。

初定的新校址在南京中山门外紫金山南麓的马群镇五棵松附近，占地5 000余亩。1935年初，由中大建筑系前系主任、留法回国的虞炳烈先生绘制了新校舍的规划方案图，并上报教育部。后因京沪京芜两路接轨后的路线中穿预定之校址，乃不得不寻觅他地。最终勘定了中华门外约7 km处的京建公路以东的石子岗唐家凹附近为新的校址。

石子岗新校址四周有山林环抱，小河前横，林木蓊郁，风景秀美。且该地人口甚少，便于征地，诚办学的理想境地。1935年10月，由"内政部"核准的新征用地缩减为约3 000亩。

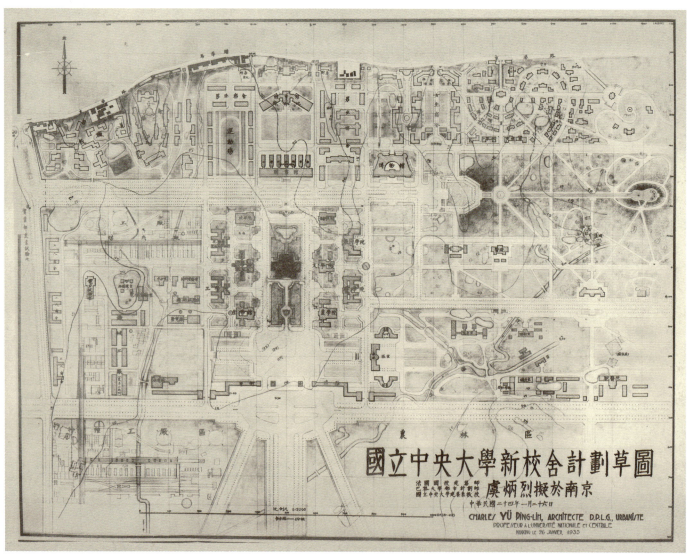

马群镇新校区规划方案总图

规 划

1936年3月16日，学校以"中央大学建筑设备委员会"名义，在全国范围内"敦请中华民国国籍之建筑师13–17人参加……征选新校舍总地盘图案（即总体规划方案）"。征选采用匿名方式，截稿的时间为1936年4月30日（后延至5月10日）。

在征选章程中，对从大门到各栋建筑的使用要求及最终提交成果要求等均很明确。其他关键事宜也有详述，如："建筑物之作风以朴素、坚实、雄伟、大方为主，其建筑费以最能节省为主，凡地面之上山林坡塘以尽量保留为原则……"。

征选章程还应允中选第一、二、三名者分别予以2 000元、1 200元、800元酬金。

该征选得到业界的热烈响应，当时国内最著名的建筑师（事务所）几近悉数参赛，最终共收到方案10个。经过以李济、卢恩绪（中大工学院院长）、虞炳烈（前建筑系主任）、张广兴、李善堂组成的审查委员会2次会议审议，以不记名投票的方式在8个合规方案（以送达先后为序）中选出了前三名：

甲　罗邦杰先生　　第三名—戊　范文照先生
乙　公利建筑公司　　己　张光圻先生
第二名—丙　董大酉先生　　庚　华盖建筑事务所
丁　李锦沛先生　　第一名—辛　基泰工程司

马群镇新校区基地区位

方案征选的有关报告文件

石子岗新校区基地区位

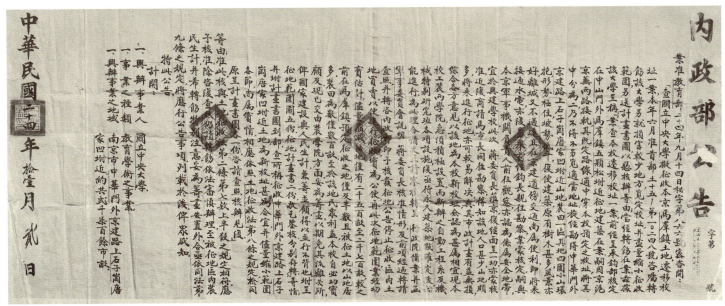
内政部关于中央大学新校区征地事宜的公告

■ **征选方案概述**

校新园的用地分为两块，分别位于南京城西南自安德门南下的京建公路（现安德门大街）两侧。主校区置于东地块，由京建路向东所引的道路自南向北进入；宿舍区则设于西地块。

大多方案均将各类教学、科研、实习及办公等建筑均循着较为规整有序的轴线和广场展开；建筑形体上也多取端庄稳健姿态，气势恢宏。个别方案则根据地形起伏取相对自由的分散式布局，建筑形体也随之灵活组合，生动自然。

■ **第一名 辛（基泰工程司方案）评语（原文）**

布置颇具巧思，多能适合所列条件，作风雄伟而不过于华丽，能顾及地形是本图之特色。主要建筑皆系南向，甚合南京气候。文理两院及美术博物馆等迳向东西，于平面图上虽适合组织之美，但夏秋两季甚感烈日之威逼，幸修改之后此项缺点尚可免除。各重要部份相距不远，可取得相当之联络。将来筑路及水道水管之布置较易着手。由旁门入校至各学院之交通亦较便利，惟工学院各工厂布置似觉欠妥，军营式宿舍之地点亦有重加考之必要。

以上缺点修改之后亦可免除，不足为病。本图案实最近乎需要条件而富于修改之可能性者，故选置第一。

第一名方案的校园规划设计总体鸟瞰

第一名方案的校园规划设计说明及主体建筑立面

第一名方案的校园规划设计总平面之一

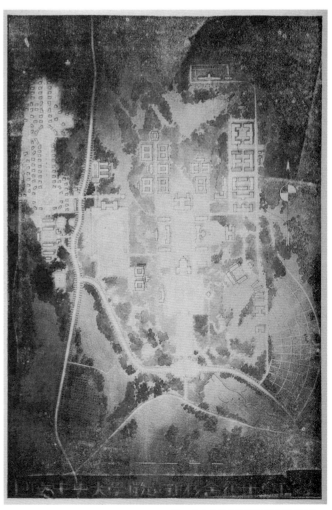

第一名方案的校园规划设计总平面之二

第二名丙（董大酉先生方案）评语（原文）

总平面图略仿上海市中心区之形式，虽于新奇方面略嫌不足，而大礼堂、图书馆及各学院等主要建筑在二条主要轴上做开展视线之布置，适合公园都市原则之佳作也。

各学院之教室光丰富，惟观瞻上则甚感缺乏高低起伏之气象。作风采取最新式但未见美观，由大门至办公处过远，学生宿舍即在大门之右，入校时须经过宿舍之两侧似不甚妥，地形未能加以相当注意。

惟各学院布置尚佳且预留扩充地点是其所长，故选置第二。

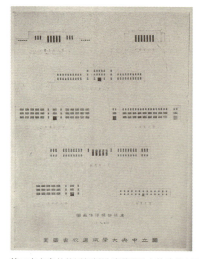
第二名方案的校园规划设计说明及主体建筑立面

第二名方案的校园规划设计总平面

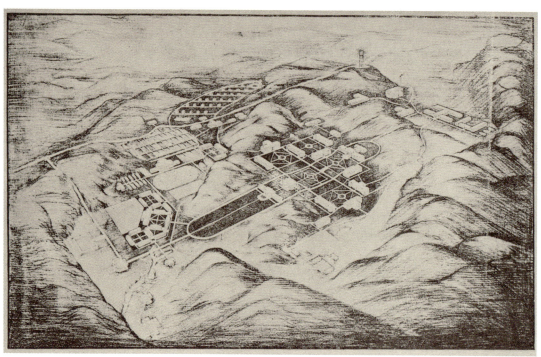
第二名方案的校园规划设计总体鸟瞰

■ **第三名戊（范文照先生方案）评语（原文）**

此图深知注意地形布置，亦有可採之处。惟觉过于散漫，失却整个之联络性。大门之位置虽不合条件，然能别成章法，亦自可取。作风朴实可喜，惟教室光线颇感不足，且通风制度亦不易办好。故选置第三。

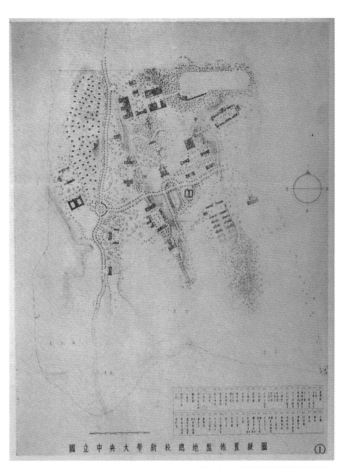

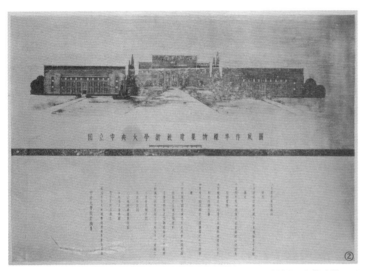

第三名方案的校园规划设计说明及主体建筑立面

第三名方案的校园规划设计总平面

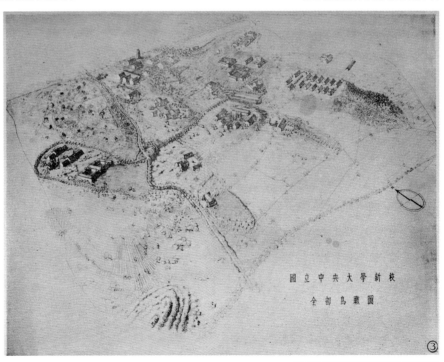

第三名方案的校园规划设计总体鸟瞰

■ **其他方案评语（原文）**

其余各图案不乏精心之作。惟或则忽视地形布置，过于机械（如乙、丁、庚），或则不顾经济，建筑费用太昂（如甲、己）。甲图之学生宿舍面积几等于全校主要建筑之总面积，殊不合理；而乙图以多数学生宿舍包围主要建筑，尤觉无此办法；庚图之作风过于单调，以工厂及煤气厂置于主要干路之旁，未免有损庄严。

然综观各家之作无不独具匠心，其慎重将事之精神已均于图案中表现无遗矣。

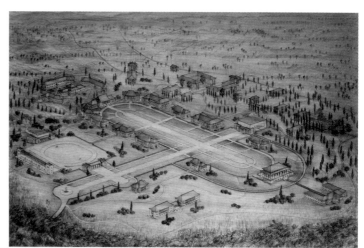
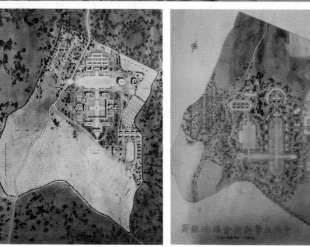

其他方案的校园规划设计图选

实 施

鉴于"地址面积庞大、形（地）势不平、建筑物多至50余件（栋），其间关系复杂……极难兼顾，时间亦嫌短促……"建筑设备委员会的结论是："综观全局，似皆不足作为最后之计划……"因而于1936年8月，中大聘建筑师徐敬直、李惠伯为新校园建筑设备委员会专任工程师，负责中选方案的优化与实施。实施方案将主校门移至正对京建路的主区西侧，校园的空间轴线与建筑组合也做了较大的调整。

新校区采取分期建设、分批迁移的办法。除医学院和牙医专科学校以在城市中心为宜，仍留四牌楼原址外，余均陆续迁移。其中需要土地最多的农、工、理三学院首先兴建。首期投标开工的有工学院本部，航空工程系的教室、实验室以及农学院本院三大幢房屋。正在动手设计的有理学院、图书馆和运动场，预计全部工程30个月完成。

新校园工程于1936年11月破土，1937年1月钻探，但真正的开工建设进程并不顺利。

起初，因新校址用地牵涉回教传统墓葬区，所以迟滞至1937年5月建筑工程方得以动工。更不幸的是：动工一个月后的当年6月，日寇就在河北宛平举兵挑衅；7月卢沟桥炮声响起，8月日军占领上海；10月中央大学举校西迁，12月南京沦陷……中大新校园的美丽宏图终未实现。

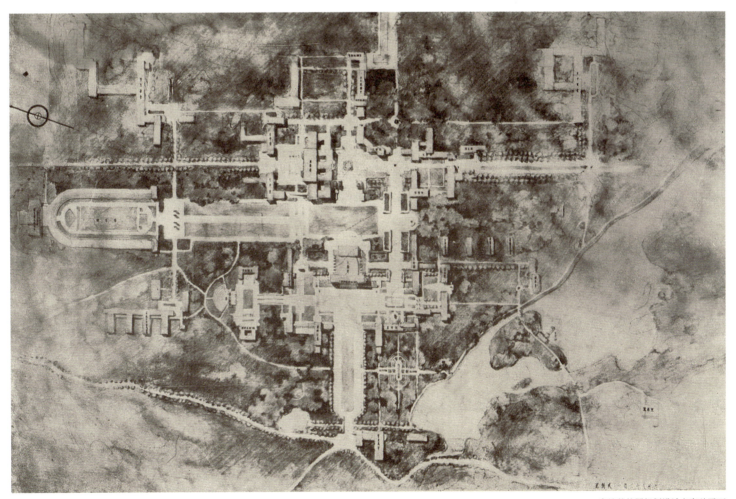

实施的校园规划设计方案总平面

六

临江而居的松林坡
1937·主校区沙坪坝驻足

概 况

1937年7月，抗日战争全面爆发。日军侵华期间，对我国高等教育机构的基础设施进行了极力摧残与破坏，中国高等教育面临着生死攸关的考验。为避兵燹之祸，并延续和保存中国教育文化的命脉，时任中央大学校长罗家伦早就开始筹划迁校事宜。1935年冀东事变时，罗家伦校长已令总务处做好500只大木箱，以备迁校之用。1937年7月，他派出三路人马寻访迁校地点。一路向四川重庆出发，一路向两湖出发，第三路向成都出发。接到各路寻址报告后，罗家伦力排众议，决定一举西迁。

1937年9月23日，教育部复令准迁重庆。罗家伦校长于1937年9月30日致函国立重庆大学（简称：重大）首任校长、时任四川省政府主席的刘湘，拟向重大"暂借地皮一段，备供建筑临时校舍之用"。10月2日，刘湘复函中大："查贵校为首都最高学府，兹因避地来渝建筑临时校舍，于川省文化裨益实多，无任欢迎。重庆大学既有相当地皮可借，应迅速开工，以备应用。"10月6日，中大在重庆市都邮街紫家巷设立"重庆办事处"。派水利系主任原素欣、工程师徐敬直和事务主任李声轩前往办理校舍建筑事宜。全部工程共分成18个包工组，1 700名工人在沙坪坝松林坡上日夜劳作。可容千余人的校舍于42天内完工，为中大开学复课奠定了初始的物质基础。

建校工作如火如荼进行的同时，迁校工作亦紧锣密鼓地进行着。1937年9月，几经筹措，几千箱图书、仪器、设备，包括航空系三架拆卸的飞机，都已抵下关码头装船西上。本次西迁共有四条路径：1. 大部分院系师生员工由南京走水路直达重庆；2. 医学院以及农学院的畜牧兽医系转道继续前往成都；3. 大量实验标本通过游牧的方式运往重庆；4. 实验学校由南京迁往贵阳继续办学。同年10月10日，学校通知老生集中汉口转船入川。

1937年11月，随着临时校舍完工，中大本部在重庆沙坪坝正式开学复课。医学院和牙医专校则已先期在成都开学。

中央大学西迁线路示意【审图号：GS（2016）1606号 自然资源部监制】

总 体

中大的校址选在地处磁器口、小龙坎、嘉陵江和歌乐山之间的沙坪坝——大部分属重庆大学校园的松林坡。基地东临嘉陵江、南依汉渝路及中央工业（职业）专科学校、北与重大相融，三校交错而无严格分界。

松林坡校园平面呈椭圆状，总用地约290亩（坡地与苗圃约各半），主入口设于与重大校园相望的西北侧。

校内建筑多依山而建，由环山道路相串联。东部为教学区，设化学实验楼、理学院、法学院、建筑系、工学院、农学院等；西侧及南侧为生活区，设宿舍若干栋和大饭堂一处。图书馆及教职员工集会厅位于中部的山顶处，由北向的校门入园后拾级而至，可俯瞰学校全景、遥望市区万家灯火。大礼堂则位于小山的北坡下以西，可容四五百名师生集会之用。

山脚下还设有球场几片供师生们体育课和课外活动之用，大型运动项目则借用重大的大操场。

此外，为方便教育学院的教学实践，中大在重庆还开班了附中，并在靠近松林坡的位置设有中大附中分校。

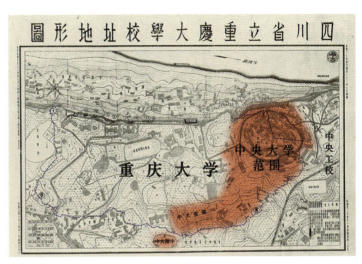

重庆大学校园总平面及中央大学校区范围示意

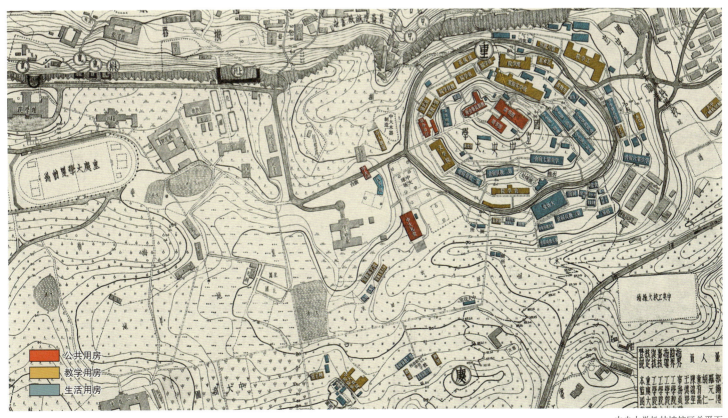

中央大学松林坡校区总平面

紫气东南

松林坡校园内景旧照之一

松林坡校园内景旧照之二

松林坡中央大学校舍西北向远景旧照

松林坡校园内景旧照之三

松林坡校园内景旧照之四

中央大学松林坡校门南望校园建筑群旧照

松林坡校区运动场方向全景旧照

松林坡校区入口建筑北向外观旧照

公共教室内景旧照

男生宿舍内景旧照

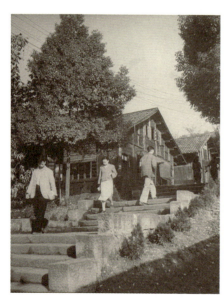

松林坡校区登山主道旧照

松林坡校区运动场方向全景旧照

中央大学大礼堂遗构侧面外观旧照

中央大学大礼堂遗构内景旧照

中央大学大礼堂遗构西南角外观旧照

单 体

松林坡校区的各类房舍,多为木柱木梁、竹筋泥墙和双坡悬山瓦顶的四川民居风格,体现出因地制宜、简易适宜的特征。与相邻的重庆大学校园水泥、砖石结构的建筑相比较,其艰苦简陋的状况,不可同日而语。受制于有限的用地规模以及对战时办学的保守预期,松林坡校园的整体规模并不大,这为后续开设柏溪分校埋下了伏笔。

■ 大礼堂

位于中大松林坡校园的西北角,独立于教学区筑于松林坡山脚下。1942年建成时的矩形平面南北7跨、东西3跨,底面随周边环境而呈南低北高状,建筑高约13 m,建筑面积约490 m²。墙柱为青砖砌筑,屋架为西式三角木桁架,外墙采用外拉毛粉刷。主入口的3个两层通高券门,为整个简约的礼堂增添了一份西方古典主义韵味。

这座并不奢华的大礼堂是中大松林坡校区最为宏伟的建筑,每周都有政治人物和学术精英应邀来校演讲,大部分都是在此举行。其中有美国副总统华莱士、英国前首相和工党领袖艾德礼,以及马寅初、郭沫若、老舍、曹禺、冯玉祥等

大礼堂西北向外观旧照

文化和政界名人。大礼堂成了中大和重大师生抗日活动的重要场所，刻写着抗战时期中国教育高地的烽火记忆。

1946年5月中大复员返回南京，大礼堂所及松林坡大多校舍移交重大。1970年代至2000年代，重大曾在其北面加长两跨以扩大其舞台功能，后又将舞台上空加高，悬山顶由砖砌封火山墙改为硬山顶。大礼堂被称为"七七抗战"礼堂，这一具有烽烟岁月历史感、纪念性质的命名从此沿用至今。

2014年，中大"七七抗战"礼堂被列为重庆市级文物保护单位。2017年6月，沙坪坝区文化委牵头召开专家论证会，决定修复原国立中央大学"七七抗战"礼堂。2018年12月8日，礼堂重新启用。其现状建筑面积1 138 m²，高度15.6 m。

加建后的大礼堂外观

大礼堂主入口外观旧照

修复后的大礼堂西南向外观现状

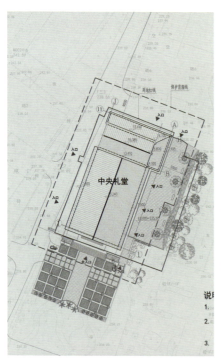

大礼堂修复设计总平面

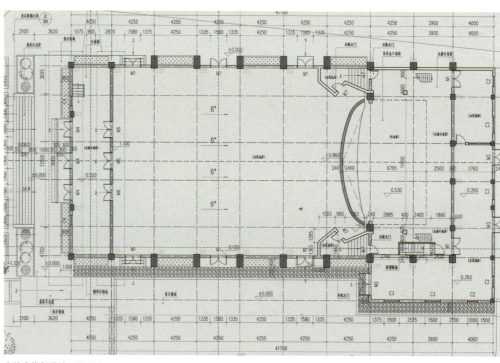

大礼堂修复设计一层平面

修复后的大礼堂主入口现状

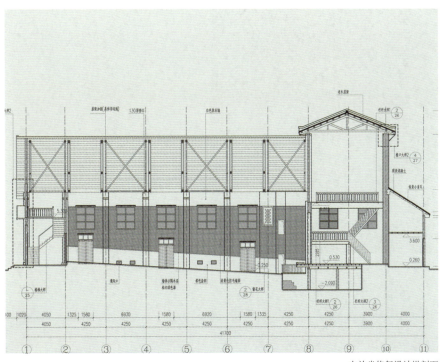

大礼堂修复设计纵剖面

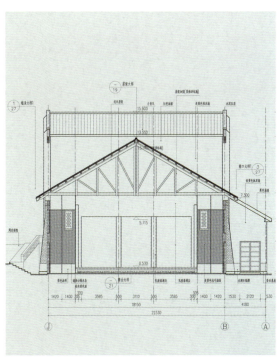

大礼堂修复设计横剖面

教职员集会所

位于松林坡与图书馆相邻的中心区域,建于中大西迁早期。为L形平面的砖木结构建筑,局部二层,建筑面积约 545 m²。主入口设于南侧中部的廊下,北侧端部的上下设有两个为会议、活动所用的大空间,南西侧为稍小的功能用房。屋顶为悬山两坡,屋架为三角形木桁架,青灰黏土机平瓦覆面,屋脊高度约 9 m。外立面为清水砖墙与条石基础。

中大迁回南京后,此处先后被用作重庆大学男生宿舍、重庆大学招待所使用。尽管该建筑现状的内墙或有增减,外墙开窗也或有改动,但建筑的位置、外廊及石基座与中大时期的集会所总图以及旧照完全一致,故完全有理由认为这幢建筑是当年中大教职员集会所的遗构。

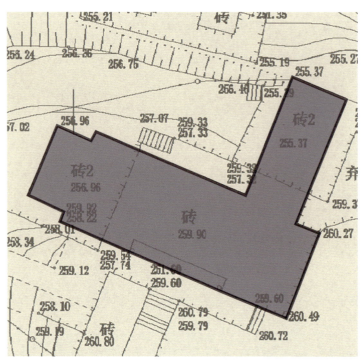
现状地形图中的教职员集会所遗构

集会所西南向外观旧照

集会所西北向外观现状　　　　　　　　　　　　　　　　　　集会所内部屋架现状

集会所东南向外观现状　　　　　　　　　　　　　　　　　　集会所北翼端部外观现状

紫气东南

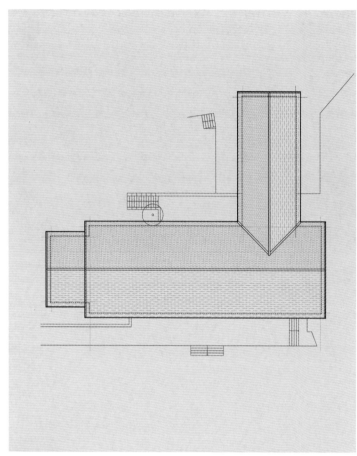

屋顶平面测绘图

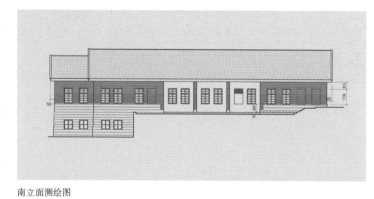

西立面测绘图

南立面测绘图

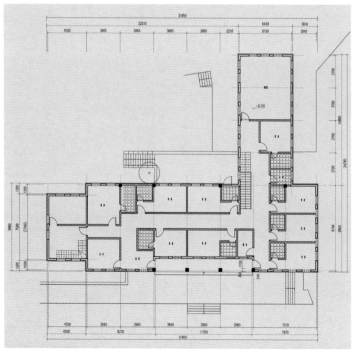

上层平面测绘图

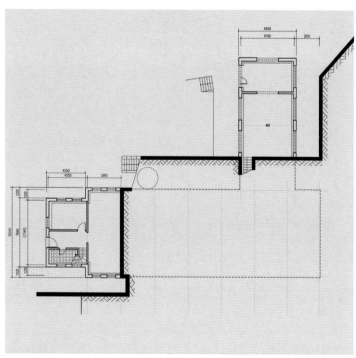

下层平面测绘图

■ 建筑系馆

位于松林坡临嘉陵江一面的东坡之上。入口自一字形平面的北山墙进入,大小不一的各类教室分布于两侧,素描室位于尽端与南山墙的艺术系用房相邻,局部上层设有教师办公室。

被誉为中国建筑界"四大名旦"的杨廷宝、童寯、李惠伯、陆谦受等中国第一代建筑师先后来系在此任教,培养出了包括后来的两院院士吴良镛在内的多位中国培养的第一代著名建筑学者和建筑师,成就了中大建筑学科历史上著名的"沙坪坝黄金时代"。

设计教室内景旧照

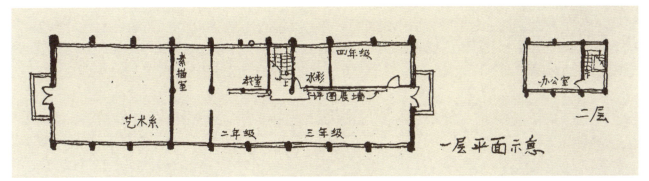

校友回忆的平面示意图

建筑系馆入口合影旧照

■ 汉渝公路旁新校舍

1940年后，随着中大办学规模的进一步扩大，虽已将一年级迁往柏溪校区的中大松林坡校园，空间不足的问题再次凸显。为此，中大考虑就近拓展，建设了部分教师及学生宿舍等房舍，由中大建筑系完成建筑设计。因该新拓展的校舍少部分在汉渝公路以北的"柏树村"，大部分地处汉渝公路以南的"小龙坎"地段内，故也被称为"小龙坎校舍"。

1946年中大复员南京后，此处的校园及建筑归于邻近的重庆市立中学使用。

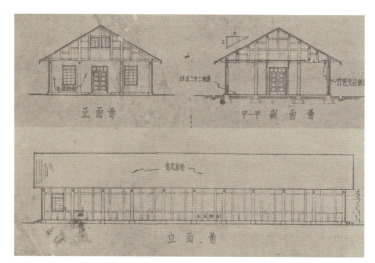

单身教职工宿舍立、剖面

新校舍区位示意

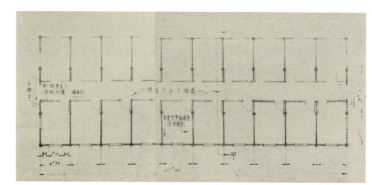

单身教职工宿舍平面

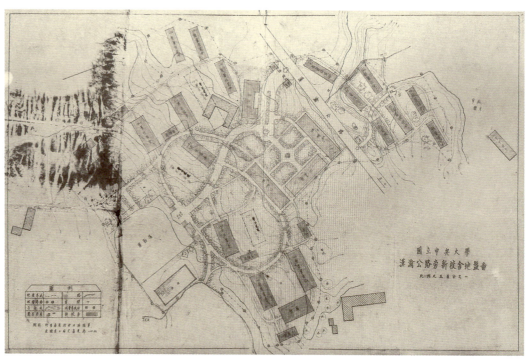

汉渝公路旁新校舍总平面

中央大学松林坡校区纪念园

1945年后,不仅松林坡校园和建筑的风貌得以很好的保护和利用,复员南京后的国立中央大学及其后续院校与国立重庆大学校际关系从未中断。多年来,南京大学、南京工学院及现东南大学等校方、校友团体和个人前往重大松林坡中大校园的回访纪念活动络绎不绝。

1995年,中大校友会在重庆大学的大力支持下,于松林坡南麓的山脚下建立了由纪念亭、纪念墙组成的国立中央大学迁渝纪念园。2017年,东南大学发起了以"重走西迁路"为题的中大西迁八十周年纪念活动,并将沿途采集的各地土样以层叠的方式集成纪念柱,永久地树立在园中的纪念墙下。

中央大学松林坡校区旧址现状鸟瞰

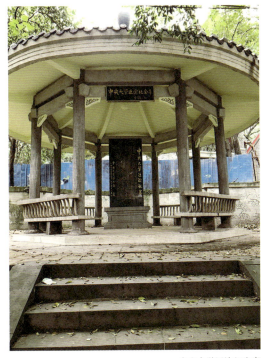

中央大学迁渝纪念亭

中央大学迁渝纪念校友捐资碑文

中央大学西迁八十周年纪念柱

七

不容淡忘的柏溪村
1938·中大分校多地拓展

概 况

国立中央大学 1937 年举校西迁至重庆沙坪坝的一年后,由于办学逐步稳定、招生规模日增,位于沙坪坝的松林坡校区及校舍已不敷使用。1938 年秋,中央大学决定在距松林坡校区约 13 km 以外的嘉陵江上游柏溪村另建一新的校区作为分校,以供各科一年级新生之用。柏溪分校建于一处水田之上,占地面积 148.48 亩,附有旧楼房 8 间、平房 5 间。1938 年 9 月成立中央大学工程处,承担设计招采工作,次年 2 月建设完成,总耗资 37 万余元。

1946 年中大复员南京后,此处曾先后作为柏溪小学、林场等。2000 年代后,此处改建为"重庆市九曲河污水处理厂"。

基地区位图

嘉陵江边柏溪码头现状

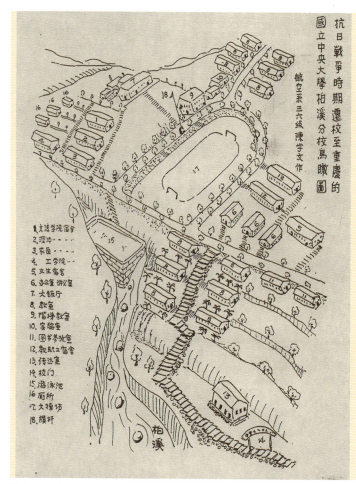

柏溪校园西南向全景鸟瞰图

柏溪校园西南向全景鸟瞰旧照

总 体

柏溪分校位于嘉陵江上游，该处环山而中间平洼，地形相对平坦，建筑布局受地形的影响较小。校园的各类建筑以中间平洼处的运动场为中心布置——东西两侧及南侧的大部分为教学区，各类教室、实验室、图书室均布置在此；北侧和西北为生活区，布有男生宿舍和食堂（兼大会堂）、餐厅等；东南角为校区的办公室和教师宿舍、女生宿舍；工厂实习用房位于操场东北角的稍远处。

时至今日，整个柏溪校园唯有西南角坡下的"传达室"贵构尚存。

基地现状卫星图

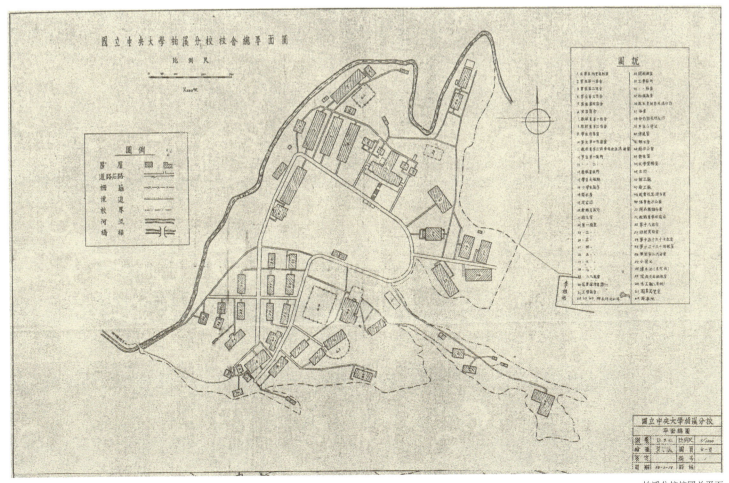

柏溪分校校园总平面

紫气东南

柏溪分校旧址（九曲河污水处理厂）西南向鸟瞰现状航拍

01 化学及地质实验室
02 男生第一宿舍
03 男生第二宿舍
04 男生第三宿舍
05 男生第四宿舍
06 女生宿舍
07 教职员第一宿舍
08 教职员第二宿舍
09 学生行李室
10 男生第一洗面室
11 教职员第三宿舍及女生洗面室
12 男生第一厕所
13 男生第二厕所
14 教职员厕所
15 学生大饭厅
16、17 学生厨房
18 开水房
19 图书馆
20 教职员餐厅
21 讲义室
22 第一教室
23 第二教室
24 第三教室
25 第四教室
26 第五教室
27 第六教室
28 第七教室
29 第八、九教室
30 图书馆阅览室
31 工警宿舍
32 国画教室
33 工警厕所
34 工警厨房
35 西画教室
36 教职员厨房及洗衣房
37 浴室
38 合作社及理发室
39 男生小便池
40 传达室
41 储物库
42 总办公室
43 卫生室
44 化学实验室
45 生物实验室
46 锻工室
47 铸工室
48 图书仪器储存室
49 体育系办公室
50 用品储存室
51 教职员第四宿舍
52 第十八教室
53 物理实验室
54 第十五、十六、十七教室
55 第十二、十三、十四教室
56 男生第二洗面室
57 小便池
58 滤水池（未完成）
59 国画及西画教室
60 木工厂（车间）
61 图书阅览室
62、63、64 晒衣场
65 游泳池

柏溪校园总平面复原图

传达室遗构修缮后的山墙现状

传达室遗构修缮后的廊下现状

传达室遗构修缮后的廊下屋架现状

传达室遗构修缮后的现状鸟瞰

单 体

柏溪分校前后共建房44座,1938年11月完成宿舍饭厅、厨房、水炉、盥洗室、厕所、合作社等生活设施,共19座房舍的建造;12月完成教室、图书馆建造。新生入学上课之后,又续建实验室等。

由中央大学工程处完成的设计图纸所示,建筑单体的结构设计采用在传统木构的基础上创造性地融合了西式屋架的做法。

而现存遗构建筑的现场考察显示,该单体结构还是主要借鉴了当地传统民居的穿斗做法。这种做法为现场预制装配,木架整体起竖,再将水平联系构件吊装就位,最后以竹笆抹灰为内外墙体。显然,这种松林坡校舍同样采用的简易木构营造之法相对节省用料和建造时间,更能适应战时物资紧缺和时间紧迫的现实需求。

■ 传达室

该建筑坐东面西,背靠陡坎直临柏溪,是校园入口处的第一幢建筑——史料所示校园西南入口处的"传达室"之所在。该建筑含学校的传达室、邮件收发室、银行代办处等功能,由中大工程处张尔兆设计,史凤新绘图。

该遗构建筑为单层三开间,内分西侧檐廊、六个等大的房间和西廊内北端加建的小房间。建筑面阔约11.1 m(设计图中为36尺),进深约9.1 m(设计图中为30尺),占地约120 m^2,为下设石基的木梁柱结构。内外均为竹笆泥灰粉墙、青灰瓦冷摊覆顶,是典型的四川民居做法,能够有效加速建造进程。但实地勘察显示,该建筑的结构在传统木构的基础上有所创造,其前檐廊下的双柱即在四川民居中较为少见。

由于该建筑位于新建的九曲河污水处理厂范围之外,1950—1980年代一直为当地的乡镇卫生所所在。

作为中央大学柏溪校区唯一遗存至今的建筑,传达室承载了众多校友们的美好记忆。历年来,曾有数起中央大学校友们回访此处,并举行各种纪念活动。

2005年后,该建筑被定为重庆两江新区"区级文物保护点""不可移动文物——中央大学柏溪分校旧址""保护性建筑——中央大学柏溪分校旧址"。

传达室遗构远眺旧照

传达室遗构的双檐柱廊下旧照

传达室遗构室内屋架旧照

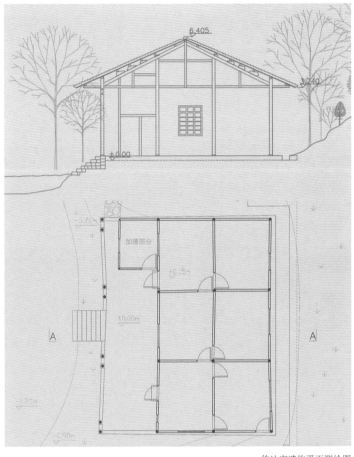

传达室遗构平面测绘图

传达室遗构近景旧照

传达室遗构室内张贴的校友纪念辞残片

- **其他建筑设计图**

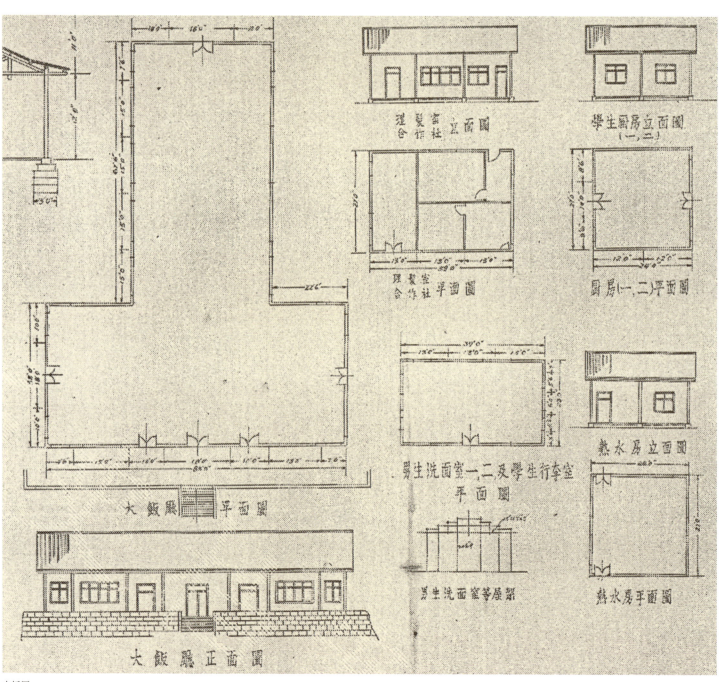

大饭厅

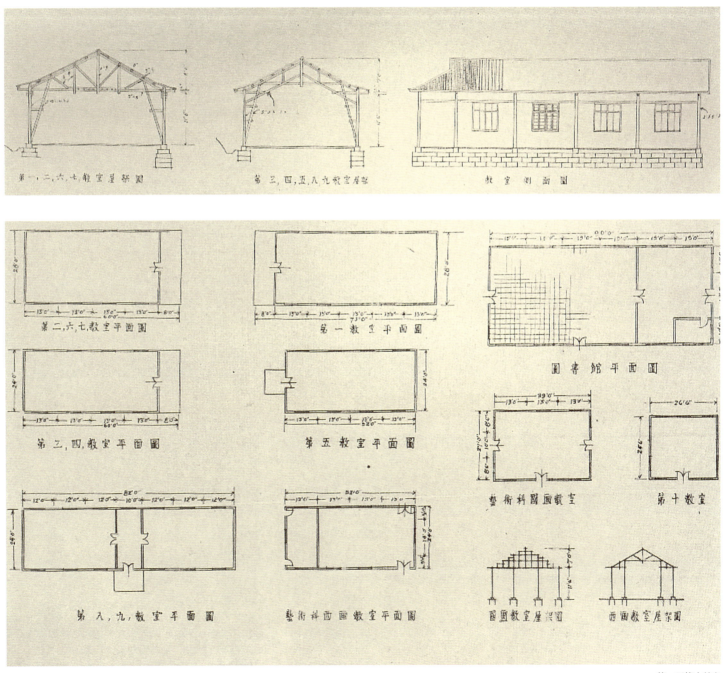

学生宿舍

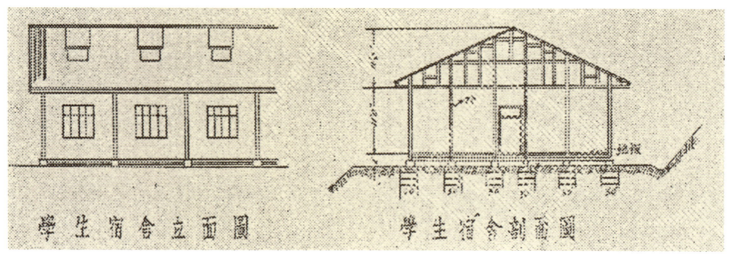

学生宿舍

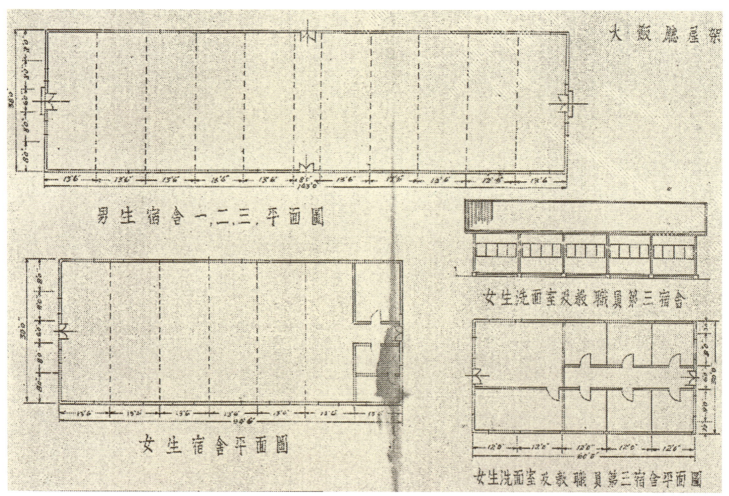

学生宿舍

成都各校区

国立中央大学西迁至成都的有农学院的畜牧兽医系和医学院及牙医专科学校。其中，农学院的畜牧兽医系与四川省立家畜保育所合作；医学院与华西协和大学合作，教室及标本仪器与华大共用，并利用东方补习学校作为学生宿舍、明德中学寄宿舍作为教职员公寓。不久，山东齐鲁大学迁入后改为三大学医学院联合办学，建立三大学联合医院。

1939年秋，中大将牙医专科学校升为6年制牙本科，并于联合医院内开办牙医门诊部。1941年夏，中大医学院脱离联合医院，独立开办四川省公立医院。年底，中大接管了布后街志成商高校舍，医学院和牙医专科师生从华西协和大学迁出。1942年，省公立医院开办分院。

国立中央大学成都办学点分布示意

成都华西坝

中大医学院之一

四川省公立医院

中大医学院之二

八

面目一新的工学园
1949·南大／南工再翻新

概 况

1949年，中华人民共和国的成立开辟了中国历史的新纪元，也揭开了中国高等教育的新篇章。

1949年5月7日，中国人民解放军南京市军管会派员接管原国立中央大学，同年8月8日，学校更名为"国立南京大学"。1950年10月10日起，校名去"国立"二字而径称为"南京大学"（简称"南大"）。

1952年的全国高等院校院系调整后，学校进入"南京工学院"时期。学校实现了工作重点的转移、推进了教学改革、改善了办学条件……

1957年起，随着中国高等教育自主性探索的展开，工作指导思想上的"左"倾冒进也随之发生，正常的教学秩序被破坏。1961年中央《高教六十条》颁布施行后，学校的各项工作才复归正常。南京工学院经历了曲折中发展的十年。

1966年后的"文化大革命"期间，南京工学院陷入长达十年的动乱和劫难之中，是高教战线和江苏地区的重灾区之一。至1972年才开始恢复招生，首届专科学员入校。

1976年，"文革"结束，国家恢复了停滞多年的高考制度。南工也先后迎来了1977、1978级学生。学校恢复了正常的办学秩序，校园呈现出了勃勃生机。乘着改革开放的东风，学校的各项改革也渐次推进，并迅速走在了全国高校前列。

（国立）南京大学

南京工学院

总 体

中大、南大时期，工学院所属各系的教学、实验及办公用房分布于校园内的前工院、北平房及机械工厂、侧平房和西平院（部分），合计建筑面积约 2 万 m²。1952 年院系调整后，虽然原南大的四牌楼校区本部及附近宿舍总面积 8.77 万 m² 建筑全部划归"南京工学院"，但因在校学生数的大幅度增长（至 1957 年已达 6 000 余名，是原南大全校 1 900 余名的三倍以上），学校的教学及生活用房皆呈紧张状态。

1954 年起，南工拟定了 4 年的基本建设计划并开始实施。至 1957 年时，征地兴建了小营操场、征购了校南和校西等处零星土地约 110 亩，学校基地增至 650 亩；先后建成了数栋教学、实验和生活用房，建筑面积共 8 万余 m²，使全校建筑总面积达 17 万 m²，增长了 94%。

其后至"文革"前的十年间，南工的办学设施及条件也有较大改善：扩建、翻建或新建了教学和实验室用房生活用房，共近 74 000 m²。

"文革"后的 12 年间，在校的本、硕学生已渐超 9 000 名，教职工人数也已超 5 500 名。校园内新建了教学、科研用房和部分生活用房，建筑面积共近 6 4000 m²。至此，校园南半部本部的空间格局已定。周边的生活区也增建了不少生活用房，新增建筑面积共近 9 万 m²。

（国立）南京大学/南京工学院时期教学区总平面（1949—1987 年）

单 体

新中国成立后,建筑学的发展曾经历了从"经典西方学院式"经由"中国固有形式"探索,再到"现代主义"的发展历程。南大—南工时期的校园建筑,对这一历程的表达是较为充分而富典型意义的。

在此时期所新建的为数可观的建筑中,有以杨廷宝教授为代表的中国第一代建筑学者的亲力亲为,也有新中国培养的新生代建筑师的积极参与。他们为校园建设发展,续写了文脉延续、发展清晰的建筑新篇章,与其后的校园建筑共同成就了堪称中国建筑百数年发展的精妙缩影。

■ 五四楼

位于入南大门后的西侧,南临四牌楼街。建成于1954年,由杨廷宝先生主持建筑方案设计,江苏省建筑设计院建筑师周蓬坤完成施工图设计。建筑高三层,占地1 469 m²,建筑面积4 407 m²。

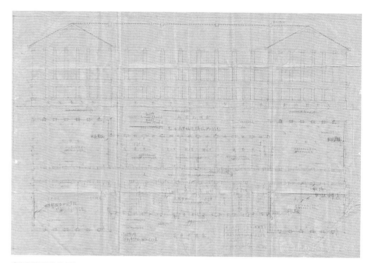

底层平面及立面

五四楼西北向外观旧照

五四楼东入口外观现状

五五楼

位于校园东北角，建成于1955年，由杨廷宝先生主持建筑方案设计，江苏省建筑设计院建筑师韩兰舟完成施工图设计。建筑高四层，占地 2 193.57 m²，建筑面积 8 638.83 m²。

建成后为教学和科研空间所在，有众多公共教室和化学、建材、力学、结构实验室等。众多重要的科研实验在此完成，其中包括丁大均先生历时十年的混凝土裂缝实验等。

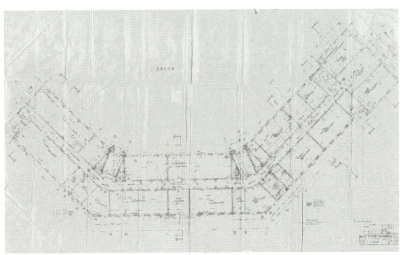

底层平面

五五楼东南向外观现状

锻铸工厂

位于校园西隅的西平院与河海院之间,北临通往校西门的东西向校内道路。

1955年,南京工学院在此建成北面两排平房,其中锻、铸厂各占一排。1958年加建了南面一排作为铸工厂专用,后两排为锻工厂。此三排均为砖木结构的两坡顶平房,建筑面积共1 900余 m²。

1992年,东南大学四牌楼校区新建榴园宾馆时,此三排锻铸工厂被拆除。

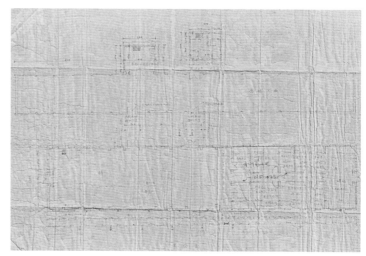
平面

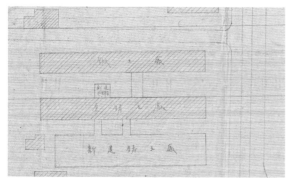
总平面

锻铸工厂西南向外观

河海院

位于体育馆以西的砖木结构条形教学楼,建成于1956年,由江苏省建筑设计院建筑师秦建中主持建筑设计。建筑高二层,占地849.71 m²,建筑面积1 763.6 m²。为纪念成立于1915年的河海工程专门学校、1927年并入第四中山大学时的河海工科大学,此楼被命名为"河海院"。

1950年代后的南京工学院,此楼先后为机械工厂、托儿所等部门所在。

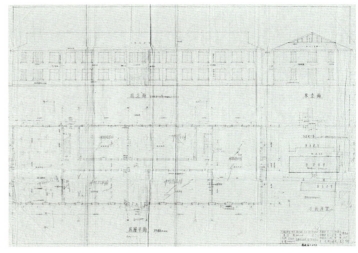

平面及立面

河海院东南向外观

沙塘园食堂

位于四牌楼主区以南的沙塘园院内,建成于1957年,由时任南工建筑系主任杨廷宝先生主持建筑设计。建筑为高二层(局部一层)的砖木结构,平面中有餐厅的中庭和厨房的内院。占地1 884.84 m²,建筑面积2 876.52 m²。

原设计的餐厅主入口朝向南侧生活院内三排宿舍楼。1981年,在其南侧增建了二层的教职工餐厅,其总面积扩至3 147.2 m²。

2000年代曾于其北侧开设入口,以方便主校园方向的师生进出。2021年食堂修缮时北入口被撤除,在恢复原设计的沿街立面形象的同时,也避免了不利管理的弊病。

沙塘园食堂西北角外观现状

沙塘园食堂内景旧照

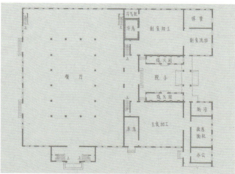
底层平面

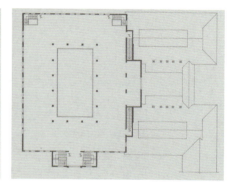
二层平面

沙塘园食堂西南向鸟瞰旧照

动力楼

位于校园东南角,建成于1958年,由杨廷宝先生主持建筑方案设计,江苏省建筑设计院建筑师吴科征完成施工图设计。建筑高四层(局部五层),占地 3 052.84 m²,建筑面积 9 859.40 m²。

现为东南大学四牌楼校区能环、电气学院等用房所在。

动力楼东南向外观现状

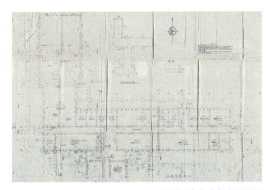

总平面与北半部底层平面

动力楼东南向外观旧照

南高院

位于原南高院旧址，建成于1964年。原一字房（南高院）因年久失修被拆除后，新南高院的建筑设计遵循杨廷宝先生建议，平面仍采用一字形三段式并与北侧运动场中轴线保持重合。其中部由建筑系教师唐厚炽、卫兆骥完成施工图设计，两翼由江苏省建筑设计院建筑师马希良完成施工图设计。建筑中部高四层，两翼三层，占地1 444.42 m²，建筑面积5 084.70 m²。原南高院品质尚佳的木门窗被妥善拆除，并用于新楼建设中。

新的南高院建成后，主要为机械系所用。2006年，机械系大部分迁往九龙湖，此处现为东南大学四牌楼校区的电子、能环、建筑等学科用房。

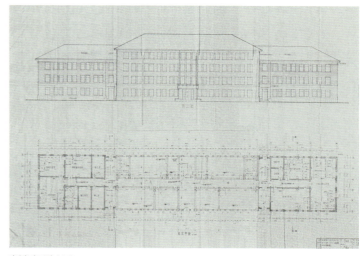

底层平面及立面

南高院东南向外观

结构实验室

位于校园东北部的金陵院北侧,1965 年建成。建筑高一层(局部二层),占地 1 088 m²,建筑面积 1 408.20 m²。该建筑主体 10 开间,进深 12 m。主体屋面采用当时先进的预制钢筋混凝土薄腹梁大跨结构,由土木系教师高振世完成结构设计、建筑系教师庄金元完成建筑设计。土木学科的众多重大结构工程和科研项目中的实验曾在此完成,如南京电视塔水平荷载试验等。

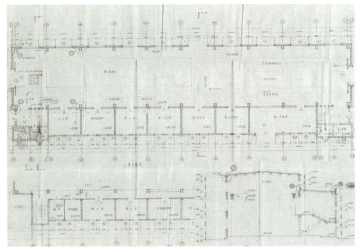

平面与剖面

结构实验室西南向外观

■ **留学生宿舍**

位于校园西北隅梅庵之南，为1978年拆除原教习房后所建。由南京工学院建筑设计院建筑师刘桑园主持建筑设计，建筑高四层（局部二层），占地830.12 m²，建筑面积2 895.9 m²。内有学生寝室60余间，另有餐厅、厨房等配套功能用房若干。

2011年后，此楼改为东南大学出版社所用。

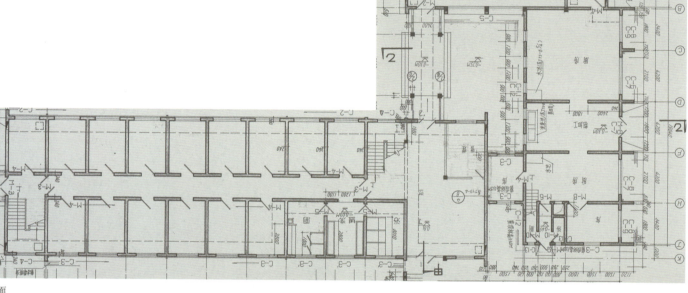

底层平面

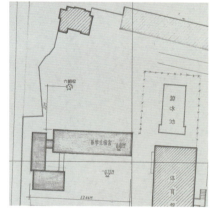

总平面

留学生宿舍（现东南大学出版社）入口东北向外观

电子管厂

位于江南院以北,建成于1981年。由建筑系老师宛新彰和南京工学院建筑设计院建筑师刘桑园合作完成建筑设计。建筑高四层(局部三层),占地1 091.20 m²,建筑面积4 200 m²。

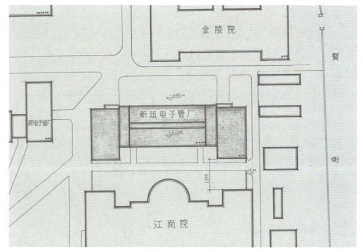

总平面

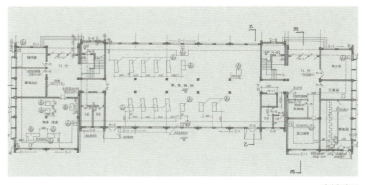

底层平面

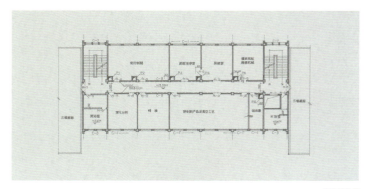

四层平面

电子管厂西北向外观

■ 东南院、中山院

两院均为1982年原址新建,由南京工学院建筑设计院建筑师沈国尧、周文祥完成建筑设计。其中,东南院高三层,为口字形平面,建筑占地约933 m²,建筑面积2 871.3 m²;中山院高六层(两翼四层),一字形平面,建筑占地约1 420 m²,建筑面积7 539.2 m²。两楼间有一层连廊相连。此二院大楼建成后作为学校的公共教室,均配有电教设备,中山院中部顶层即为校电教中心所在。

东南院西北向外观

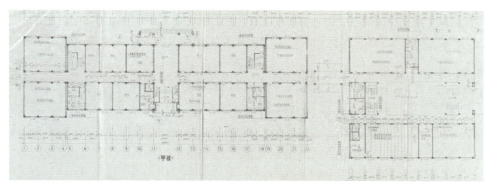

东南院、中山院底层平面

中山院东北向外观

东南院内庭

■ 自控楼（中心楼）

位于校园中轴线上的大礼堂以北，建成于1982年，由建筑系教师方华完成建筑设计。建筑高六层，建筑占地1 588.76 m²，建筑面积12 529.40 m²。

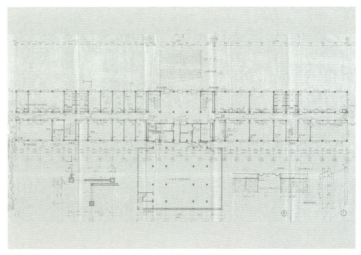

二层平面

自控楼东北向外观

道桥实验室

位于北京东路与成贤街交叉口处的校园东北角内，建成于1984年。

由南京工学院建筑设计院建筑师胡仁禄完成建筑设计。建筑高五层（局部一层），占地1 500 m²，建筑面积3 456.6 m²。

交通、土木学科的众多重大工程和科研项目的实验曾在此完成，如落锤式弯沉仪的研制与路面结构动力学性能评定、沪宁高速公路沥青路面结构设计与材料性能研究和南京长江二桥钢桥面环氧沥青铺装结构与材料试验研究等。

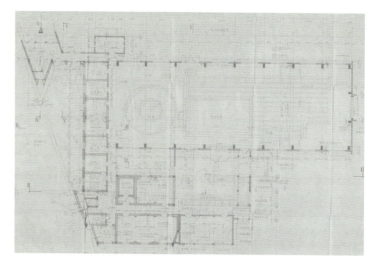

底层平面

道桥实验室内景

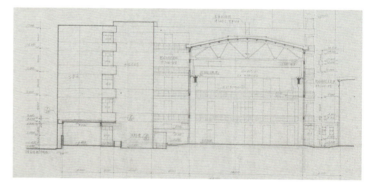

剖 面

道桥实验室东北向外观

■ 图书馆新楼

位于老图书馆的南面稍偏西，于 1985 年建成，由南京工学院建筑设计院建筑师刘恭鑫完成建筑设计。馆体建筑高五层（局部八层），建筑面积 10 236.7 m²。平面为弯折形，内有中庭。外墙为水刷石粉刷，风格为现代为主的简洁手法，并与老图书馆及五四楼做了形象细节上的呼应。馆内拥有阅览座位 1 100 个，并设有图书、情报信息中心、国际联机检索终端等。此外，还有部分楼层划归校档案馆使用。

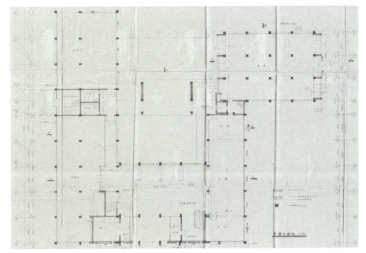

底层平面

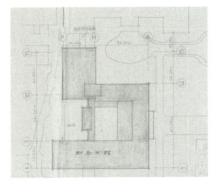

总平面

图书馆新楼东南向外观

前工院

1987年，前工院旧楼（原新教室）被拆除重建，由南京工学院建筑设计院建筑师胡仁禄完成建筑设计。新楼为院落式平面，建筑高六层，占地1 840 m²，建筑面积10 347.2 m²，建成后一直作为学校的公共教室。2006年九龙湖校区建成投入使用后，四牌楼校区的教学用房需要量有所缓解，此处曾有部分用作外语考级的考试中心。

该楼现为东南大学四牌楼校区建筑学院的专业教室、评图室和国际化示范学院等部分办公用房。

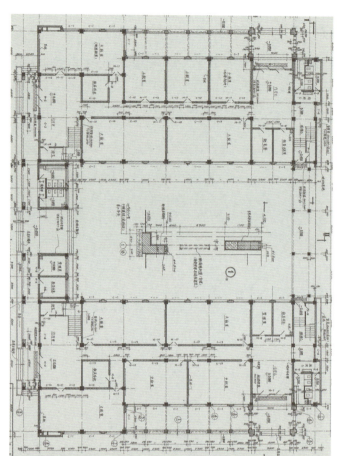

底层平面

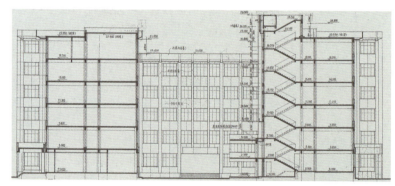

纵剖面

前工院西北向外观

专家楼

位于校园西北隅的梅庵东侧，是学校用于接待来访专家的住宿之所。建成于1987年，由南京工学院建筑设计院建筑师周玉麟完成建筑设计。建筑高四层（局部三层），建筑面积1 448.7 m²。楼内底层中部为门厅及会客处，楼内共有标准客房18间，套房7个。

榴园宾馆建成后，此处曾归其统一管理经营。该楼现为东南大学四牌楼校区的资产处、统战部、人事处、校史研究室等部门的办公用房。

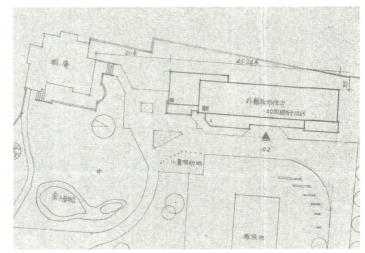
总平面

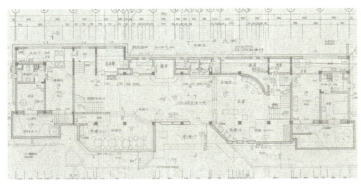
底层平面

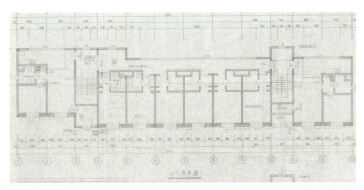
二层及三层平面

专家楼南向外观

九

五区并存的大东南

1988·综合大学诸片集成

概 况

1980年代中期以后,南京工学院综合了学校"以工为主、理工结合"并"向文理工商结合方向发展"的实际状况,和我国高等教育事业大发展的趋势,提出了"学院"改"大学"并以学校历史上曾用的"东南"为名的申请。1988年4月,国家教委批复同意复更名为"东南大学"。

1990年代后期,随着社会主义市场经济体制的建立和国家部委机构的精简,中共中央、国务院《关于深化教育改革,全面推进素质教育的决定》颁布,明确提出"……继续按照'共建、调整、合作、合并'的方式,基本完成高等教育管理体制和布局结构的调整……"。东南大学抓住这一机遇,从建设一流综合性大学的发展战略和解决办学空间不足的制约等因素出发,做出了与南京铁道医学院、南京高等交通专科学校、南京地质学校合并的决定。

2000年4月14日,经教育部和江苏省人民政府批准后,四校正式合并,组建新的东南大学。从此,学校注入了新的血液。

由于原南京工学院地处市中心区,包括校本部和校东、校南、校西的生活区、工厂区在内仅有531亩土地,学校发展的空间严重受限。所以,在酝酿更名的同时,学校就开始了办学空间的发展规划。

东南大学复更名仪式

首先,学校抓住南京市在浦口区建立高新科技开发区的契机越江北上,于1988年初申请并获准在科工园征地863亩(可建设用地610亩)建设浦口新校区。

2000年,随着四校合并,原铁道医学院(含丁家桥、晓庄2个校区)、交通专科学校(含浦口、长江后街2个校区)、地质学校共近900亩的土地并入新的东南大学。

东南大学根据7块用地的地理位置重新整合后,形成了四牌楼、浦口、丁家桥、晓庄、长江后街"一校五区"的全新格局。五个校区的校园占地总面积近2 300亩,总建筑面积近120万 m²,学校的办学空间不足问题得以缓解。

此外,学校还先后于1988年创建无锡分校(现占地483亩,建筑面积2.4万余 m²),2005年成立苏州研究院(现占地100余亩,建筑面积近11万 m²)。

2002年五校区土地及建筑面积统计表(建筑面积:万 m² 土地面积:亩)

序号	项目	四牌楼	浦口	晓庄	丁家桥	长江后街	合计
1	教学用房	7.83	6.85	2.58	1.82	0.39	19.47
2	科研用房	9.59	2.30		2.76		14.65
3	行政用房	3.74	3.74		0.97	0.81	9.26
4	学生宿舍	9.59	6.99	2.35	3.72		22.65
5	其他用房	31.10	3.62		16.80		51.52
*	建筑面积合计	61.85	23.50	4.93	26.07	1.20	117.55
*	土地面积合计	641.40	1241.00	178.00	176.00	45.00	2281.40

东南大学五校区位置分布

四牌楼校区

经过"文革"后的恢复、国家的改革开放形势下的高教事业大发展，以及学校规格的升级，四牌楼校区作为东南大学"一校五区"主体的校园建设也进入了有史以来的高峰期。

自1988年复更名东南大学至2000年代，四牌楼校区所含的主区及分布于其东、南、西侧的数个分区共640余亩总用地和近62万㎡的各类校舍建筑，均得到整体的功能调适和修、建到位，建设强度已趋饱和。

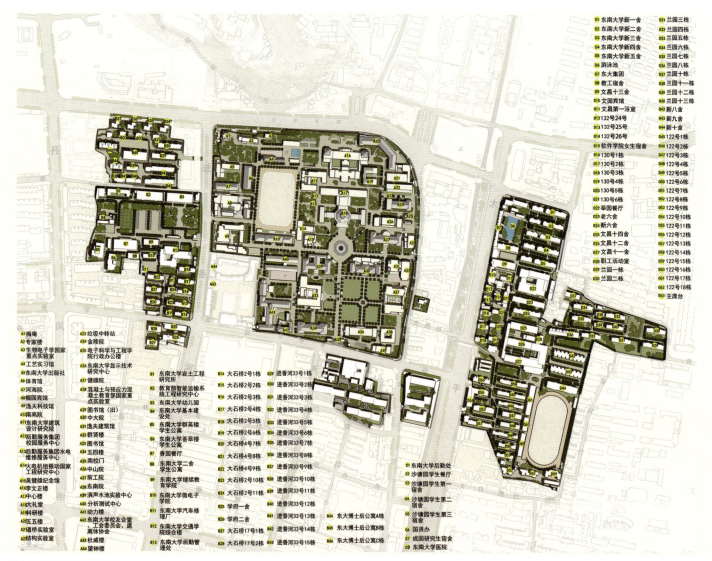

东南大学四牌楼校区现状总平面

经过南工时期的校园向南延伸,以及五四、五五、动力等楼的建成,主区范围在所处街区内已无可拓展、园内的空余地块也已几近填满,旧房更新和向上发展成为扩大教学和科研空间的必然趋势。

1988年后,学校将园区内三四十年代所建的低层建筑中质量相对低下且并无太多固定实验设备的西平院、三江院、两江院、北平房、锻铸工场以及其他零星的小型建筑等予以拆除,建造了一批多层和少量的高层建筑。在尽少影响校园内文保建筑及历史氛围的前提下,增加了数量可观的校舍空间,同时大大提高了城市核心区内的校园土地利用率。

2006年后,随着九龙湖新校区的建成使用和老校区新旧建筑的更替,学校整体学科的教育教学与科研实验场所得到了前所未有的全面调整。除建筑学院等少数学科以外,几乎所有院系的主体均先后转移到九龙湖新校区。四牌楼的主区园内的教学和科研功能大大减少,成为学校部分学院以及对外机构和各学科部分科研及研究生高年级教学实验的场所为主的园区所在。

东南大学时期教学区总平面(1988—2004年)

紫气东南

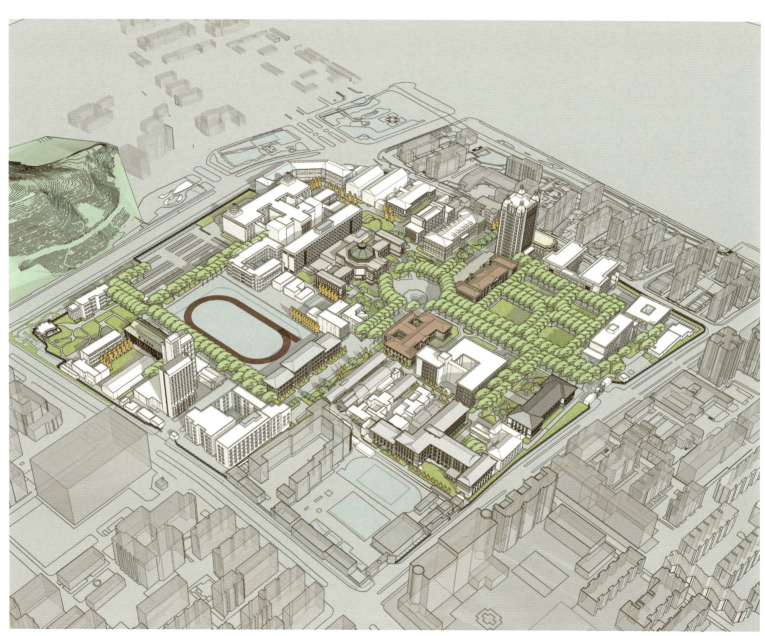

四牌楼校区三维模型西南向现状鸟瞰

东南大学校园演变图史

四牌楼校区三维模型东南向现状鸟瞰

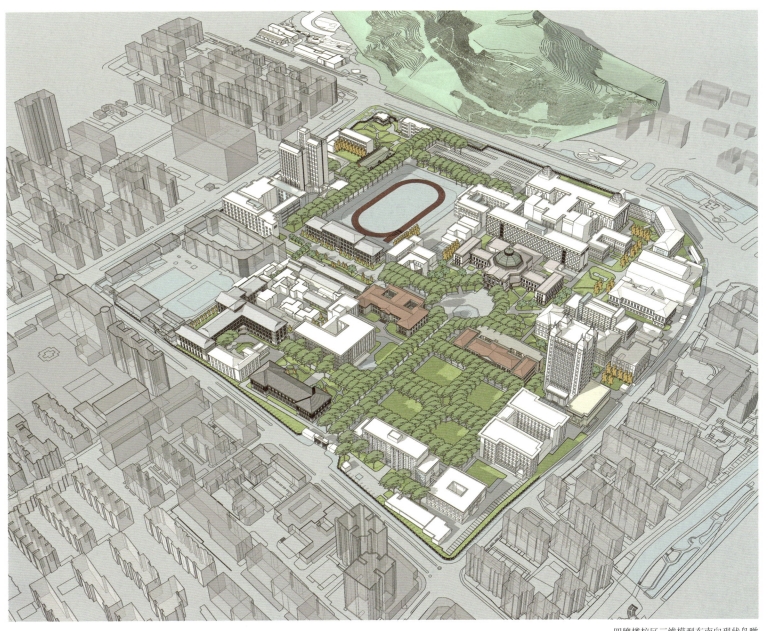

四牌楼校区三维模型东南向现状鸟瞰

微波楼

位于自东门入校园后的北侧，建成于 1988 年，由南京工学院建筑设计院建筑师潘波完成建筑设计。建筑高五层，入口处有二层的挑高门廊。建筑占地 544 m²，建筑面积 2 564 m²。

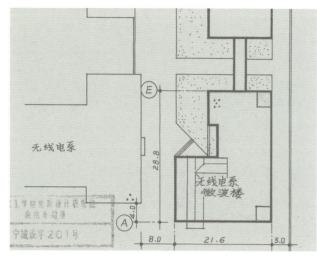
总平面

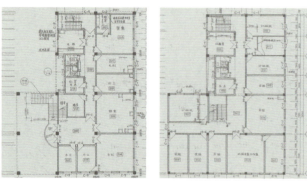
二层平面　　三层平面

微波楼西南向外观

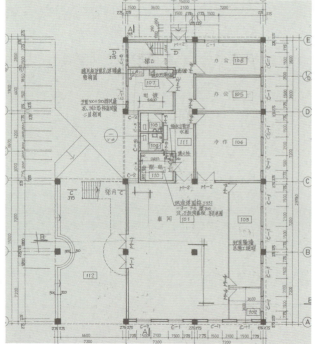
底层平面

测振中心

位于南高院东侧,建成于 1988 年,由南京工学院建筑设计院建筑师潘波完成建筑设计。建筑高四层(局部三层),占地 877.78 m²,建筑面积 2 970 m²。

总平面

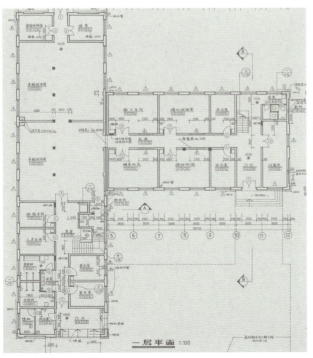

底层平面

测振中心东南向外观

榴园宾馆

位于河海院南侧原锻铸车间旧址，功能为新的留学生楼兼学校的国际交流活动中心。1992年5月动工，1994年4月竣工。宾馆楼高十二层（局部十层、二层），建筑面积10 950 m²。共有各样客房178间套，并辅以配套的各种会议厅、中西餐厅、宴会厅等，全部按三星级旅游饭店标准设计建造。

该楼由齐康教授主持建筑方案设计，由南京工学院建筑设计院建筑师周玉麟完成施工图设计。采用了平面Z字形错动、体量高低跌落等方法，有效缓解了大体量对校园环境的冲击。

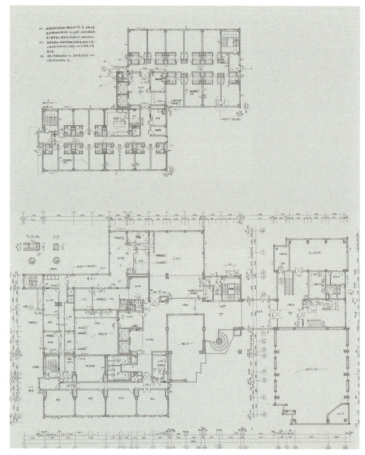

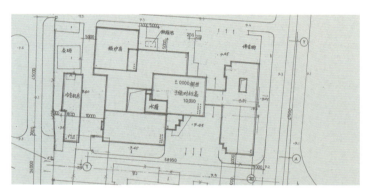

总平面　　　　　　　　　　　　　　　　二层及标准层平面

榴园宾馆东南向外观

逸夫科技馆

位于原西平院与三江院旧址，由香港知名人士邵逸夫捐赠与国家教委拨款合资建造，东南大学建筑设计研究院建筑师沈国尧、周宁、吕洁梅完成建筑设计，建成于1994年。建筑高四层（局部二层），建筑面积9 663 m²。建筑采用合院式平面布局，建筑结构为钢筋混凝土结构，外墙采用面砖贴面和镜面玻璃，局部以红色钢架点缀。造型简洁明快，既保持了应有的历史文脉，又体现了时代精神及高科技特色。

该馆为四牌楼校区的科研实验及学术交流用房。除了局部的学术报告厅以外，馆内主要为生医系科研用房、通信实验室、毫米波实验室等一批国家重点实验室和中心等使用。

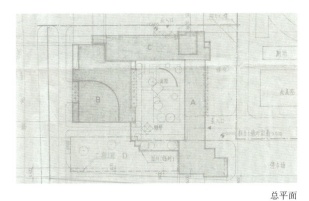

总平面　　　　　　　　　　　　　　　　A/B/C部分底层平面

逸夫科技馆东向外观

建筑设计研究院

位于大礼堂西北隅,西临大操场,建成于 1996 年,由东南大学建筑设计院建筑师高崧、王勉完成建筑设计。建筑高四层(局部三、二和一层),建筑面积 6 800 m²。

建筑设计研究院大厅内景

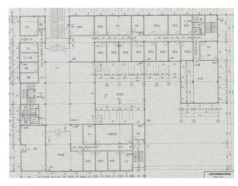
二层平面

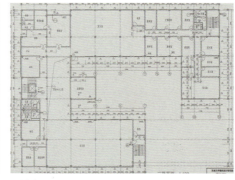
三层平面

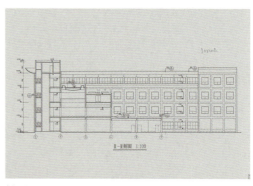
剖 面

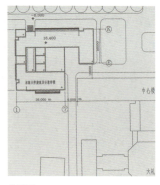
总平面

建筑设计研究院西北向外观

逸夫建筑馆

位于中大院的东侧、健雄院东南侧、前工院北侧，由香港著名爱国人士邵逸夫先生捐资和国家教委拨款共建，东南大学建筑设计院建筑师沈国尧、马晓东、刘珏完成建筑设计，落成于2000年，定名为"逸夫建筑馆"。建筑由高层塔楼和裙房（群贤堂）组成。建筑高十五层（局部地下一层、裙房三层），建筑面积16 873 m²（其中，地上15 419 m²、地下1 454 m²）。建筑主体结构为钢筋混凝土框剪结构，外墙上部为仿石面砖，下部二层为天然石材饰面。

该建筑为校园内体量最高的建筑，现为东南大学四牌楼校区的研究生院办公及建筑等学科的科研机构使用。

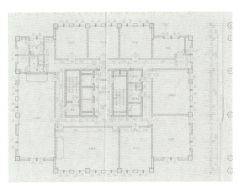

标准层平面

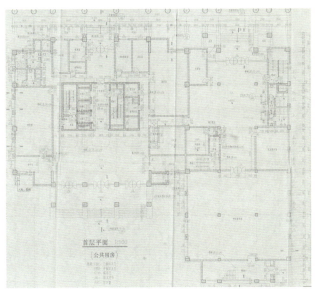

底层平面

逸夫建筑馆东北向外观

■ 吴健雄纪念馆

位于大礼堂西南、测振中心以东，为纪念学校著名校友、举世闻名的杰出女性物理学家吴健雄所建。纪念馆于1999年获中共中央及国务院批准建造，2002年5月31日吴健雄90周年诞辰之际落成开馆，是中国政府批准的中国第一个华人科学家纪念馆。

纪念馆由东南大学建筑设计院建筑师高民权、裴峻完成建筑设计，建筑高四层、地下一层，建筑面积2 129 m²。其造型庄重朴实、简洁明快。外墙采用干挂花岗岩及点式玻璃幕墙饰面，体现了与时俱进的建筑技艺。馆内不仅展示了吴健雄的生平业绩，还陈列了由吴健雄亲属和美国哥伦比亚大学捐赠的大批遗物。

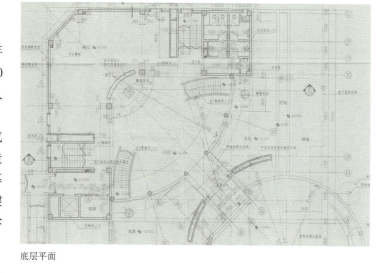

底层平面

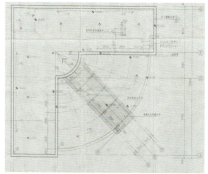

屋顶平面

吴健雄纪念馆东向外观

李文正楼

位于校园主轴线的北端，由杰出校友、著名实业家李文正博士出资捐建，齐康教授主持建筑方案设计，东南大学建筑设计院建筑师齐昉完成施工图设计，竣工于2004年。大楼高六层，总建筑面积为29 500 m²。钢筋混凝土框架结构，外墙面为花岗石与仿石面砖结合饰面。设计上采取左右对称、中心及两端高起的形体组合，韵律明快、对比强烈、气势恢宏。既呼应了校园主轴的氛围，又丰富了北京东路的城市界面轮廓。

该楼目前主要作为东南大学四牌楼校区的信息、生医、生命科学等学科的教学、科研以及实验之用。丁肇中教授领衔的AMS研究中心、中国工程院院士韦钰领导的学习科学研究中心等均坐落在此楼内。

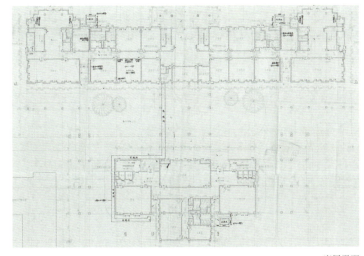

底层平面

李文正楼西北向外观

■ 校医院

位于主校园东南角以外的成贤街东侧成园院内，由南京工学院建筑设计院建筑师沈国尧、刘珏完成建筑设计，建成于2002年。建筑高六层，占地712.33 m²，建筑面积2 137 m²。内设有基本科室若干，归东南大学附属中大医院统一管理。

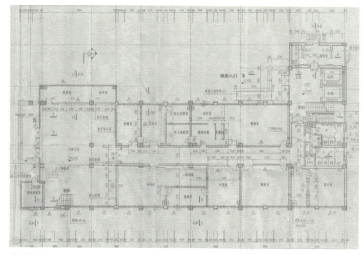

底层平面

校医院西北向外观

■ 西院综合楼

该建筑所在校园原为清末昭忠祠旧址、民国时期的"陆地测量局"之所在。1949年8月,"华东军区暨第三野战军测量大队"移驻此院。1950年10月,"中国人民解放军华东军区测绘学校"在此基础上创建。1953年,该测绘学校划归国家地质部,并更名为"南京地质学校"。2000年,南京地质学校(简称:南京地校)并入东南大学,其原本就与东大四牌楼校区紧邻的校园成为东大四牌楼校区的西院。

这座现代风格的钢筋混凝土框架结构高层建筑原为南京地校的"图书实验综合楼"。由南京市建筑设计院完成建筑设计,建成于1987年,建筑面积11 247 m²。并校后,曾为交通等学院所用的综合楼。

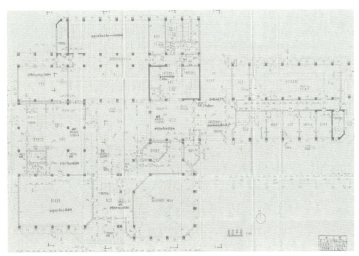
底层平面

交通学院(地校图书实验)综合楼东北向外观旧照

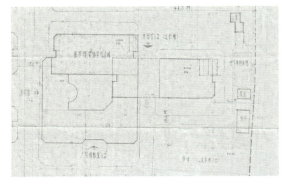
总平面

交通学院综合楼东北向外观现状

浦口校区

位于浦口区三河乡境内。东邻航务（交通）专科学校，西源滁河，南依东门镇，北接浦口高新技术开发区，距南京长江大桥仅 3 km，从校本部乘汽车 30 min 可达。

2000 年并校后，新的东南大学根据当时国家教委批准的学校全日制学生 10 000 人的发展规模，按四牌楼校区以高年级及研究生教学为主、浦口新校区以低年级本科生教学为主的计划，迅速展开了浦口新校区的规划建设。

整个新区的建设于 1988 年 12 月 30 日奠基，1989 年 3 月第一幢学生宿舍楼破土动工。经过 18 个月的拼搏奋战，原来沟塘遍布、丘陵起伏的荒芜之地顿然改貌，一幢幢具有现代风格的高楼拔地而起，宽阔的大道将教学楼、宿舍楼、食堂、田径场连成一片……新校区建设近期目标的近 30 000 m² 建筑如期完成，各项设备、设施亦均配置完毕。

1990 年 9 月 7 日，浦口新校区以崭新的风貌，迎来了第一批 1990 级本科及专科近 1 500 名新生。

2000 年，浦口新校区的建设工程告一段落。至此，共完成各类建筑 16.81 万 m² 的设计建造，及相关的设备安装、环境布置等配套工程的建设。

东南大学浦口校区现状总平面卫星图

2000年四校合并后，位于校区东侧的原南京交通专科学校浦口校区归入，成为东南大学浦口校区东院，两院之间增设了下穿高新路的通道予以联系。至此，该校区总用地面积达1 241亩，总建筑面积达23.5万 m²。

2006年8月，东南大学九龙湖新校区首期工程完成后，原浦口校区的全部师生迁往九龙湖校区。

目前，此校区的西院成为东南大学成贤学院的校园，东院则成为东南大学国家大学科技园（高新园区）之所在。

东南大学浦口校区（西院）入口现状

东南大学浦口校区（东院）入口现状

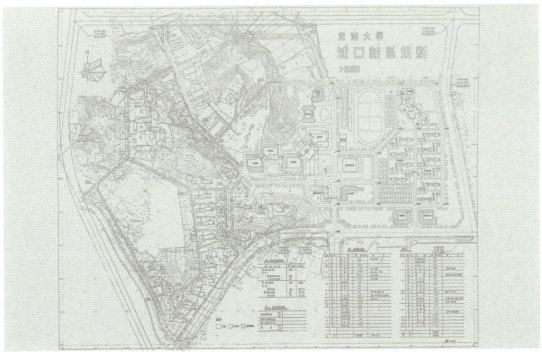

1996年东南大学浦口校区（西院）规划总平面

紫气东南

东南大学浦口校区（西院—成贤学院）现状总平面

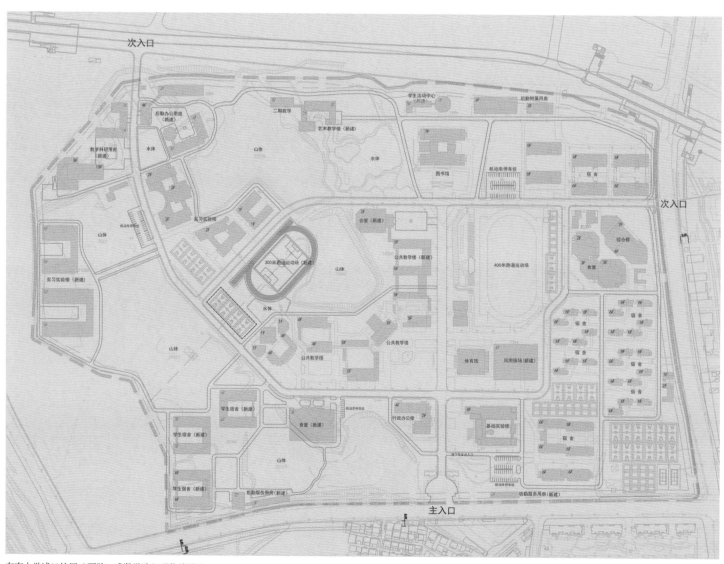

东南大学浦口校区（西院—成贤学院）现状总平面

后藤体育馆

位于西区校园主轴线中部以东的办公楼北侧,由日本爱知工业大学捐款与东南大学共建,东南大学建筑设计院建筑师蔡芸完成建筑设计,1991年11月落成。体育馆建筑面积 2 238.96 m²,内有1 500个座位,并附设训练馆,可以进行各种球类比赛及训练。体育馆以爱知工业大学校长之名,定为"后藤体育馆"。

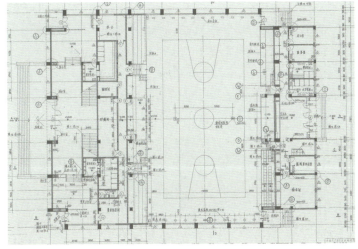

平面

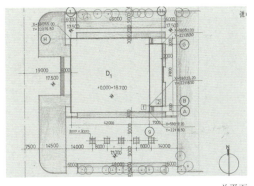

总平面

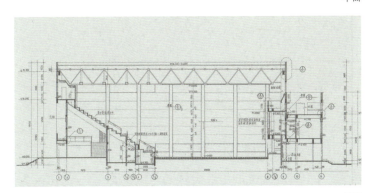

剖面

后藤体育馆西南向外观

科技活动中心

亦称真知楼,位于西区校园主轴线南部以西。由东南大学建筑设计院建筑师孙明伟完成建筑设计,建成于1996年。内设有多间科技活动室和报告厅等。建筑高四层(局部二层),建筑面积4 111 m²。

现为成贤学院院领导及职能部门办公处所在。

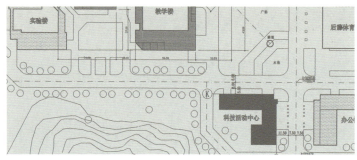

总平面

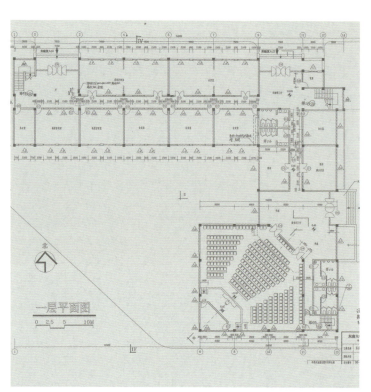

底层平面

科技活动中心东南向外观

■ **教学楼**

位于西区校园主轴线中部以西的科技活动中心西北侧，是教学区的主体建筑。为二个错开布置的口字形教室院落及斜向联系体组合而成。其中的成贤院建成于1989年，由东南大学建筑设计院建筑师沈国尧、陈宁、高崧完成建筑设计。联系体（A区）和金坛院（B区）建成于1998年，由东南大学建筑设计院建筑师沈国尧、高崧、刘珏完成建筑设计。建筑高五层（局部四层），建筑面积共 22 370 m²。

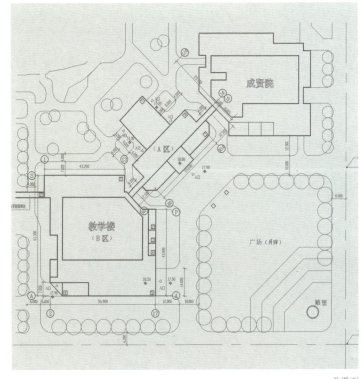

总平面

教学楼南向外观

■ 图书馆

位于西区校园规划调整后的主轴延长线尽端,由东南大学建筑设计院建筑师徐静完成建筑设计,建成于2000年。建筑高五层,建筑面积15 782.86 m²。

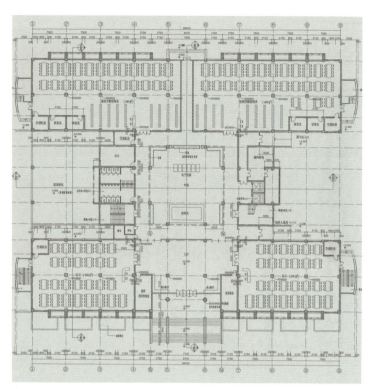
底层平面

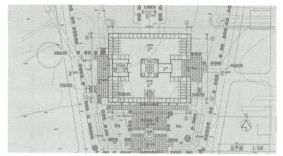
总平面

图书馆东南向外观

综合教学楼

位于西区校园教学楼以西,由东南大学建筑设计院建筑师沈国尧、刘珏完成建筑设计,建成于2000年,名为"文昌院"。建筑功能以大、中、小报告厅和教室为主,高四层(局部大、中报告厅一层),建筑面积5 791.6 m²。

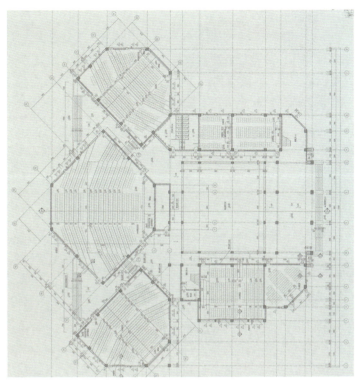

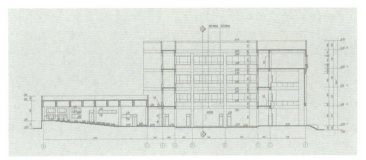

剖面

底层平面

文昌院东南向外观

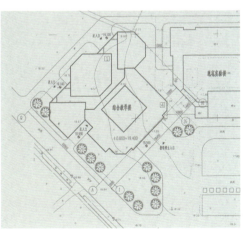

总平面

■ 基础实验楼

位于西区校园主轴线南部以东，由东南大学建筑设计院建筑师曹伟、徐静完成建筑设计，建成于 2002 年。建筑高八层（局部七层），建筑面积 24 633.29 m²。

现为成贤学院建筑艺术系及部分公共教室所在。

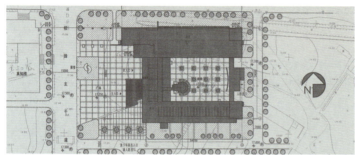

总平面

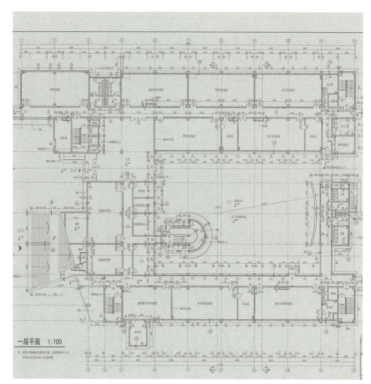

底层平面

基础实验楼西南向外观

■ **学生食堂**

位于西区校园东北角，由 A、B 二餐厅和厨房部分组成。由东南大学建筑设计院建筑师周小棣完成建筑设计，建成于 1999 年。建筑高三层，建筑面积 8 168 m²。

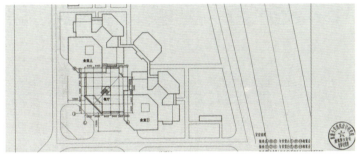

总平面

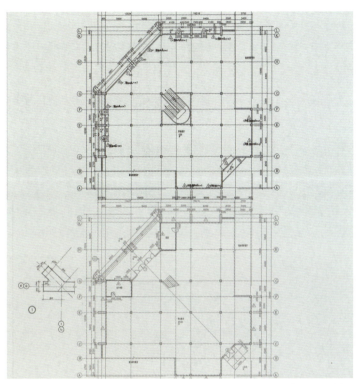

底层及二层平面

食堂西南向全貌

丁家桥校区

丁家桥校区位于风景秀丽的玄武湖西畔，清晚时这里曾是"蜿蜒细路入修篁，清浅寒流满野塘"的"绿筠花圃"。

1910年（清宣统二年）6月5日，中国历史上首次以官方名义主办了为期半年的国际性博览会——"南洋劝业会"会场中心区即在现丁家桥校区的操场位置。其间，全国体育界人士还曾于10月在劝业会场地举办了第一次具有全国性的运动会——"全国学校区分队第一次体育同盟会"。此后，还接着筹办了中国首次"长距离竞走"——以镇江金山顶为起点、劝业会纪念塔为终点，堪称"中国最早的马拉松运动"。

南洋劝业会入口

南洋劝业入口牌楼

南洋劝业会主广场

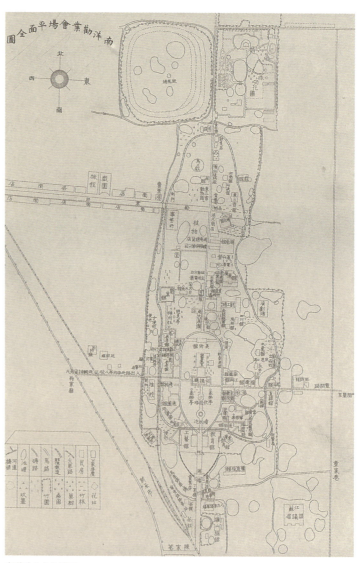
南洋劝业会总平面

1921年，国立东南大学成立后，校董黄炎培借考察南洋之机拜访华侨张步青，请其将在南京丁家桥的南洋劝业会旧址约500亩土地捐献给东大办学，获其首肯。自此，学校又增南洋劝业会址为农科校舍。

1935年中大重新组建医学院后，开始在丁家桥校区建设医学院校舍，1936年4月落成。但次年8月，医学院即随中央大学西迁，丁家桥的校舍并未使用。南京沦陷期间，丁家桥校舍成为日军仓库。

1946年，学校返回南京，国防部将原有校产交还学校，并将原劝业会旧址及房屋一并拨交学校。中大丁家桥二部面积约为1000余亩。农学院位于南部和中部以东，医学院位于中部以西，一年级及先修班居中，北部为农学院苗圃及农场。

中大丁家桥校区大门外观

农学院教学楼外观

中大丁家桥校区总平面

该校区于 1947 年开始大规模建设，初期皆为木房，主要有新建教职员宿舍、学生宿舍、中大附属医院门诊部、病房楼及 X 光室等。

1949 年 8 月，中央大学医学院更名为国立南京大学医学院。

1951 年编入中国人民解放军第三军医学院，1953 年更名为第五军医大学。

1954 年，第五军医大学迁往西安，留下部分师资设备与另外两所军医中学合并，在原校址上建立第六军医学校。

1958 年，移交铁道部，改为南京铁道医学院。

南京铁道医学院入口

中国人民解放军第五军医大学入口

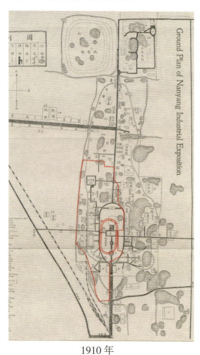  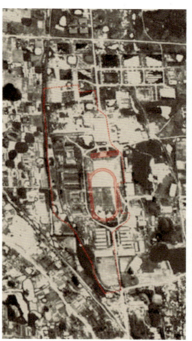 

1910 年　　1946 年　　1949 年　　1976 年

周边城市环境及校园范围演变

2000年4月，南京铁道医学院并入东南大学。现为东南大学丁家桥校区，是东南大学的医学院、公共卫生学院、生命科学研究院、生物科学与医学工程学院、海外教育学院等部分院系，以及东南大学附属中大医院的所在地。

该校区现有总用地面积为 112 784.8 m²，约合 170 亩，总建筑面积为 181 307.13 m²。

东南大学丁家桥校区入口

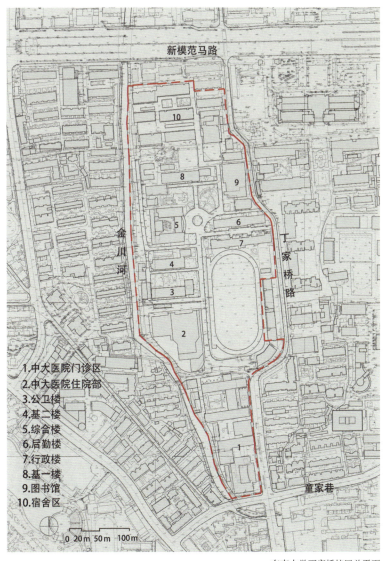

1.中大医院门诊区
2.中大医院住院部
3.公卫楼
4.基二楼
5.综合楼
6.后勤楼
7.行政楼
8.基一楼
9.图书馆
10.宿舍区

东南大学丁家桥校区总平面

东南大学丁家桥校区鸟瞰

■ 原医学院大楼

1935年中大重建医学院后，便开始在丁家桥校区建设医学院院舍。1936年4月院舍落成，原环道北缘内的大学医院楼就是其中仅存的一栋。该楼高二层，建筑面积2 304 m²。

1940年代以后，于其南侧另建教学楼一栋。该楼高三层，建筑面积4 017 m²。这两幢砖木结构建筑虽建造年代不一，但二者入口相对、风格一致，其平面和结构形式亦高度相似，其间还曾加建有二层的连廊。

1950年代以后，这两幢楼曾先后改用为学校的教学楼、学科办公楼和附属医院的病房楼等。目前，北、南两栋分别为该校区的后勤楼和行政楼，均作为校园里最重要的历史建筑而得到保护利用。

原医学院大楼（现后勤楼）西南向外观旧照

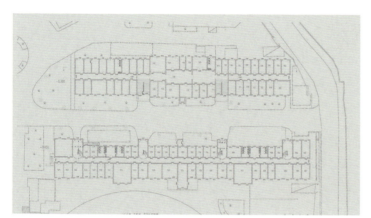
底层平面

原医学院大楼（现后勤楼）西南向外观旧照

原医学院大楼（现行政楼、后勤楼）楼间连廊旧照

原医学院大楼（现行政楼、后勤楼）东向外观现状

附属中大医院门诊楼

门诊楼位于校园西南角，坐西朝东，直临丁家桥街，由南京市民用建筑设计院建筑师倪祥寿、徐澄完成建筑设计，建成于铁医时期的1994年。该楼北与医技楼有连廊相连，内设全套的各科诊室。建筑面积18 544 m²。

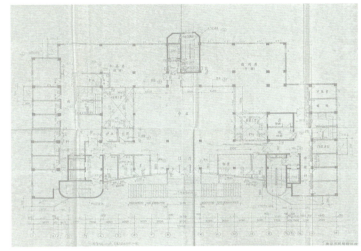

二层平面

总平面

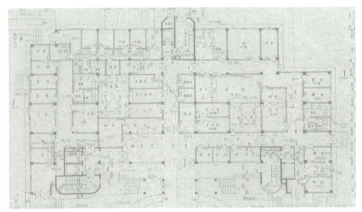

底层平面

附属中大医院门诊楼东北向外观

■ 附属中大医院教学医疗综合楼

位于医技楼以北的大操场西南隅,由山东省建筑设计院建筑师高岩完成建筑设计,建成于并校后的2018年。建筑面积75 677.5 m²,高20层(局部5、4层)。

总平面

附属中大医院教学医疗综合楼东南向外观

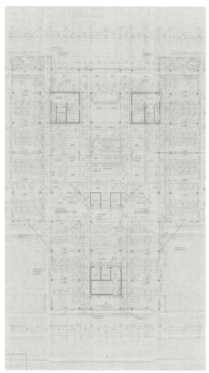

标准层平面

校园其他建筑外观现状

行政楼与后勤楼西向外观

行政楼西南向外观

综合楼东南向外观

图书馆及科技会堂西南向外观

公卫楼东北向外观

食堂西南向外观

基一楼南向外观

基二楼东南向外观

■ **农学院三牌楼农事试验场（原中央大学三牌楼校区）**

事实上，早在1927年国立第四中山大学成立后，有一处离丁家桥很近但鲜为谈及的校园，那就是随南京农业专门学校并入的"三牌楼校区"。该校区位于城东北隅，原为晚清"将弁学堂"，后改为"陆师学堂""江南实业学堂"，辛亥革命后改为"江苏省第一农业学校"（即后来的南京农业专门学校）。

此处原有土地300亩和一些校舍，经过中大数年的建设，至抗战前已拥有足够的校舍和包括畜牧场在内的农事试验场。三牌楼校区一直作为中大农学院的一部分，与丁家桥校区共同承担了农学院的教学与科研任务。抗战爆发时，动物大军就是在此校区集合后踏上西迁之旅的。

抗战结束复员南京后，中大将农学院的主要教学地点转至丁家桥校区。此处仅保留了横穿而过的察哈尔路以北部分做农事试验场，路南的100余亩地及其上的30余间房舍则用作中大附属中学校园。

三牌楼校区农学院入口

病虫害研究所

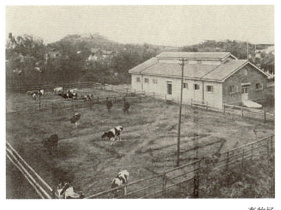
畜牧场

三牌楼校区（农学院）总平面

晓庄校区

校区位于城市北部的晓庄广场西北隅，原为南京铁道医学院的晓庄校区。校区用地面积178亩，区内建筑有铁医第二附属医院门诊楼、成人教育学院教学楼、宿舍、食堂等；此外，还建有部分教工宿舍。

2000年四校合并后，该校区定位为东南大学示范性高等职业技术教育和医学学科继续教育基地，并进行了整体的规划调整与建设：兴建了高等职业技术教育中心主楼、学生宿舍、运动场等，并对校区的环境进行了整体改造。现校园面积210.67亩，总建筑面积50 901.94 m²。2012年，此处为"东南大学国家大学科技园（栖霞园区）"之所在。

晓庄校区主入口外观现状

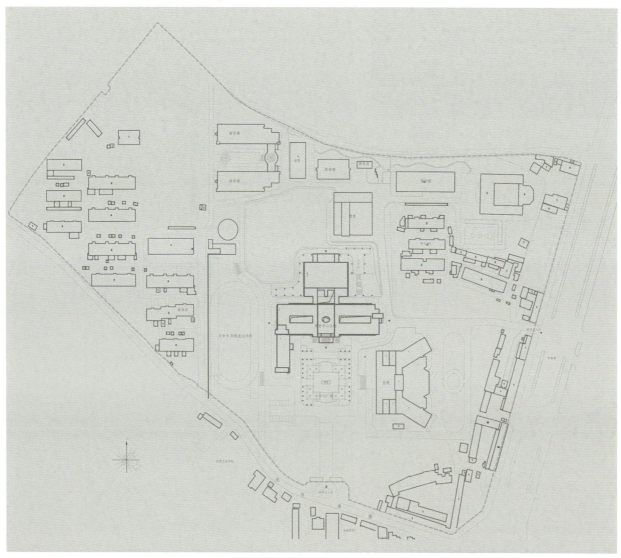

晓庄校区现状总平面

教学主楼

位于校园规划调整后的校园中心，由东南大学建筑研究所教师郑炘、叶菁完成建筑设计，建成于2005年。建筑分A（六层）、B（五层）两区前后布置，其间有连廊相通。是为继续教育中心而建的教学主楼，建筑面积20 936.94 m²。

现为东南大学国家大学科技园（栖霞园区）的主体办公用房。

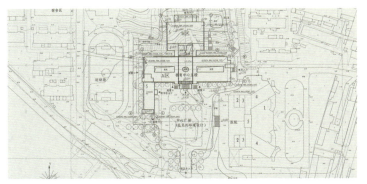

总平面

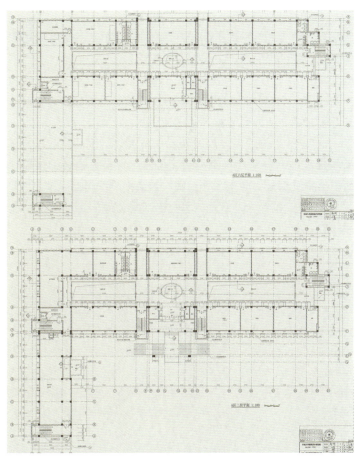

A区二层及六层平面

教学主楼正面外观

■ **教学科研（原铁医二附院门诊）楼**

位于校园中部偏东南，由江苏省建筑设计院完成建筑设计，于2000年新的东南大学并校前不久建成。是原铁道医学院晓庄校区正对东大门的校园主体建筑，建筑面积7 045.85 m²。该楼原作为其第二附属医院而建，后因该附属医院并未获批开业而暂未投入正常使用。

2000年并校后，该校区随着东南大学示范性高等职业技术教育基地和医学学科继续教育基地的建设，而转为该校区的卫生室及部分实验室、办公室、教研室等所用。

现为东南大学国家大学科技园（栖霞园区）的教学科研用房。

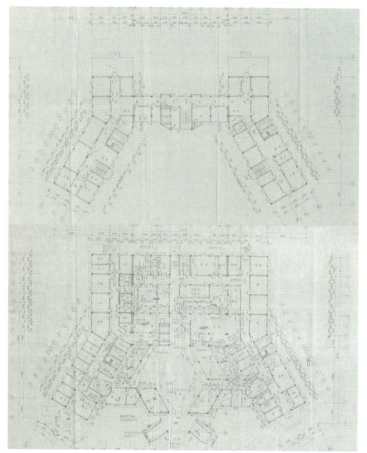

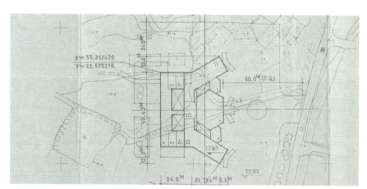

总平面　　　　　　　　　　　　　　底层及二层平面

教学科研楼东向外观

长江后街校区

该校区用地北依珠江路南侧的秦淮河支流,南隔长江后街与1912街区相望。20世纪初起,连同其西侧至现太平北路地块一直为督署以北的营地所在。1930年代后期起为军官研究班用地。1937年,国民政府水利委员会在其地块中部建成办公楼,西侧仍为军队用地。

1951年,此处为"交通部干部学校南京分校"用地。1958年改为"南京交通专科学校",校园用地以主楼(原水委办公楼、现长江大楼)以西至地块东端为界。1978年改名"南京航务工程专科学校",1992年再次更名为"南京交通高等专科学校"。1990年代,校园被基地东部新开的花红园路一分为二,总约占地25.5亩,共有校舍建筑2.5万余 m²。

1980年代中期以后,交专于浦口高新区先后征地320余亩规划新校区,并于1987年开始新生入住。

2000年,南京交专新老校区的共380亩土地及6万余 m²校舍建筑归入新的东南大学,此处成为东南大学长江后街校区。

现为东南大学国家大学科技园(玄武园区)的长江后街园区。园区内的一至五号楼位于长江后街以北的西院,六号楼位于花红园路以东的东院。除了原水委办公的一号楼(即长江大楼)停用待修外,均为东南大学的国家大学科技园的企业孵化用房,和学校的资产经营公司、监理公司和科技园办公等用房。

长江后街校区总平面现状卫星图

长江后街校区入口

■ 长江大楼

位于校区中部的砖木结构西式楼房，原为国民政府水利委员会办公楼，由建筑师宋秉泽完成建筑设计。建成于1937年。该楼高二层（局部三层），建筑面积8 706.8 m²。平面呈横向的"日"字形，其南北侧为中廊式布置，东西侧为朝向内院的单廊式布置。周边均为办公空间，院落中部为联系南北两侧的大空间"中山堂"。

该楼曾有过多次修缮，外观形象变化较大，但一直名为"长江大楼"。现已被为民国建筑遗产而暂替使用，并将进行下一步文物建筑的保护和利用。

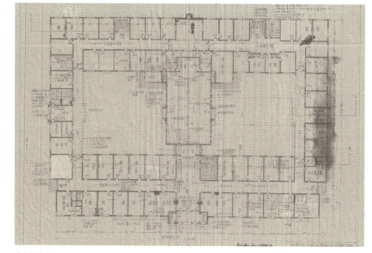
底层平面

总平面

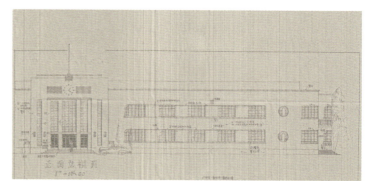
局部立面

长江大楼西南向外观现状

园区其他楼宇

2号楼东北向外观　　　　3号楼东南向外观

4号楼东北向外观　　　　5号楼东南向外观　　　　6号楼西南向外观

十

止于至善的新学府

2003·东南大学新区建设

概 况

进入新世纪后，随着国家经济建设和社会快速发展，以及对高等教育的需求日益增长，东南大学进入快速发展阶段。全校各类学生总数1995年上半年已达13 000多人，而2000年10月时则超过20 000人，远超当年规划。尽管经过浦口校区的建设以及四校合并，校园土地与校舍总量得以增加，但多校区办学存在的资源分散、效率低下等弊端都制约了学校的长期发展。因此，另址新建主校区就成为迫在眉睫的大事。

当时，正逢世纪之交中国大学大规模扩招、高等教育发展建设的高潮期。东大抓住建设新校区的难得机遇，下定决心重返江南，一步到位择址新建东南大学主校区。

2002年下半年，主要校领导和有关部门负责人经四处寻地，选中了位于南京市中轴线南端的江宁高新技术开发区九龙湖畔、紧邻南京保税区的一块地。此处东西有两山相拥、场地开阔、交通便利、环境优越。经过征得省、市、区各方同意后，当年11月下旬，校领导班子最终做出了全力以赴建设九龙湖新校区的正式决策。12月18日，东南大学江宁校区建设签约仪式在江宁开发区管委会隆重举行。

2003年2月，东南大学新校区首期拟征地3 700亩的申请获江苏省政府和教育部批准后，向省发展计划委员会报送了征地报告。同时，新校区各项筹建和规划工作亦同步进行。

2003年3月，学校召开了"东南大学九龙湖校区总体规划设计发标会"，向全社会征集九龙湖校区建设规划方案。

5月，学校召开了由省内外专家及相关领导出席的评标会，对参加投标的江苏省规划设计院、东南大学城市规划设计院、东南大学建筑设计院、同济大学建筑设计院及华南理工大学建筑设计院五个规划设计文件进行了热烈的讨论，选出了前三名方案。6月，学校组织了全校干部及师生员工进行无记名投票。在综合了专家意见和师生投票的基础上，最后确定东南大学建筑设计院的方案中标，并以此为基础进一步完善。

2005年3月24日，在土地审批程序、校园规划和建筑的技术设计结束后，新区工地打下第一根桩，拉开施工建设的序幕。经过先后五六十支队伍进场施工，最多1.5万人同时奋战的500个日夜，至次年6月底，首期的58万m²的校园建筑和校园环境、基础设施工程基本完成。2006年8月8日，第一批本科生自浦口校区搬迁入驻九龙湖校区。

九龙湖校区区位图　　九龙湖校区周边道路

九龙湖校区南大门

总 体

2003 版规划方案

指标：学校规模——3.00 万人；
　　　总用地——250.26 hm²；
　　　建筑面积——15.55 万 m²；
　　　湖水面积——18.25 hm²；
　　　密度————2.0 %；
　　　容积率——46 %；
　　　绿地率——9.8 %。

特色：花园校园＋文化底蕴——以花园城市概念，形成"花园学术城"。

格局：十字双轴、三环九宫、四大组团、绿心放射。

九龙湖校区
Jiulonghu Part

校舍建筑名称表

A 教学楼
B 图书馆
C 院系用房
D 校行政大楼
E 研究生公寓
F 本科生公寓
G 学生食堂
H 大学生活动中心
I 教师公寓
J 教师活动中心
K 国际交流中心
L 留学生楼
M 综合楼　车队
V 接待中心
O 幼儿园
P 医院
Q 体育馆
R 游泳馆
S 主体育场
T 动力中心
L 环卫中转站
V 预留教学用房
W 预留高级专家村

2003 版九龙湖校区规划中标方案总图

2003 版规划实施

新校园的实施规划于 2003 年完成,规划校舍近 120 万 m²。一期工程于 2006 年完工,共建成校舍建筑近 58 万 m² 并正式开始使用。

2006 年后,又陆续建设完成并投入使用的建筑面积 15 万 m²,在建及确定待建项目建筑面积为 34 万 m²。

至 2021 年底,建成和在建的建筑面积共计 107 万 m²(含地下室)。

2021 版规划调整

近二十年来,国家高等教育事业发生了巨大的变化,东南大学也进入双一流国际化发展的国家布局。为此,学校启动了校园总规的调整。

理念:目标一　东南大学的国家使命
　　　目标二　东南大学的城市贡献

原则:1. 生态为底,绿色智慧原则;
　　　2. 面向未来,弹性发展原则;
　　　3. 以人为本,贴近服务原则;
　　　4. 文化为魂,彰显特色原则。

2021 年实施总平面

任　务：

1. 功能布局——基于学科发展和变化，调整功能布局；
2. 强度高度——针对发展与土地矛盾，提高开发强度；
3. 风貌文化——提升校园建筑、文化风貌特色；
4. 生态绿地——建设绿色智慧型校园，优化绿地景观；
5. 道路交通——解决各类交通方式需求及冲突；
6. 基础支撑——根据发展容量，提出基础设施增容要求。

指　标：

总 用 地——249.918 585 hm²；

建筑面积——2 518 177.66 m²（其中地上 2 196 625.26 m²，地下 321 552.40 m²）；

湖水面积——18.25 hm²；

道路面积——25.64 hm²；

密　　度——20.2 %；

容积率——规划建议 0.88，控规上限 1.0；

绿地率——42 %；

规划车位——6 500 个（地面 2 720 个，地下 3 780 个）；

运动场地——体育馆 1 个，风雨操场 1 个，400 m 田径场 3 个，篮球场 138 片，排球场 87 片，网球场 19 片。

2021 版规划调整总图

紫气东南

高度分布

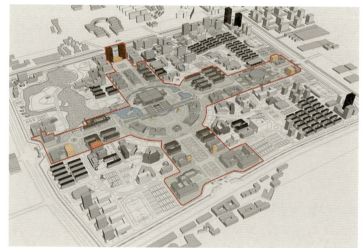
风貌区控

西南向总体鸟瞰图

南侧中轴线视景图

中心广场东望鸟瞰图

单体

新校区内的建筑形体组合以相对规则的院落式为主，朝向良好、功能俱佳。2003 版规划实施的除体育馆、大活中心等少数建筑以外，多为坡屋顶的多层建筑。整体上空间舒展、形态端庄，与四牌楼校区的校园氛围遥相呼应，体现出百年高校的深厚底蕴。2006 年以后新建和 2021 版规划调整后的新建筑则多为高层和超高层，用材和风格上更加新颖灵动、更具时代气息。

■ 李文正图书馆

位于校区内中央中心圆环北侧，是校区内的标志建筑。由齐康院士主持方案设计，东南大学建筑设计院建筑师齐昉完成施工图设计。馆体东西长 198 m，南北宽 98 m，建筑面积 53 828 m²，建筑总高度 23.4 m。局部地下一层，上部五层。图书馆配备中央空调、建筑电气、给排水、消防报警、综合布线、电梯、电视监控、综合显示引导时钟、内部通讯、查询、校园广播、有线电视、楼宇控制等高度信息化、智能化、现代化的楼宇管理系统。

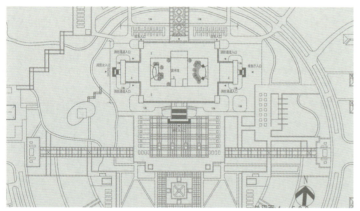

总平面

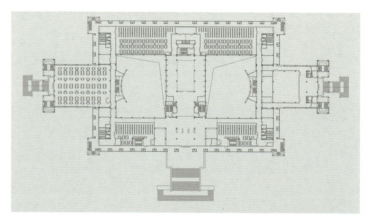

二层平面

图书馆西南向外观

■ **体育馆**

体育馆位于南工路东端的近东门处，北侧与焦廷标馆隔路相望，由东南大学建筑设计院建筑师万小梅完成建筑设计。内设有椭圆形主比赛厅一个，各类练习馆若干。总建筑面积 22 068 m²，建筑高度 28.40 m。其中比赛厅座席数 4 476 个，净高 22 m。

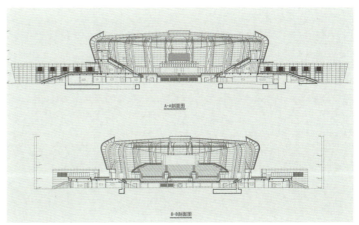

剖面

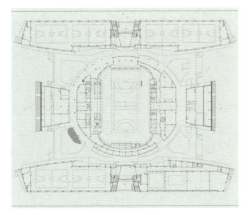

底层平面

二层平面

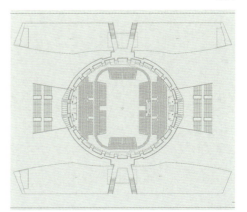

三层平面

体育馆西向全景

学生活动中心

位于校区横轴线东段的北侧，被命名为"焦廷标馆"，由东南大学建筑设计院建筑师史晓川完成建筑设计。该馆北依桃园食堂，东邻游泳馆，南与体育馆隔南工北路相望。建筑高六层（局部演出厅二、三层），建筑面积 16 751 m²。馆内设有大演出厅、中排练厅各一，琴房、小活动室和办公室若干。

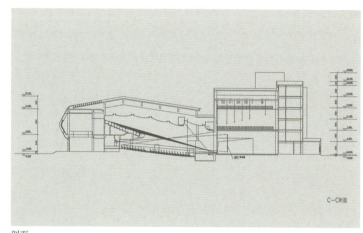

剖面

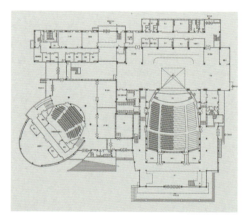

底层平面

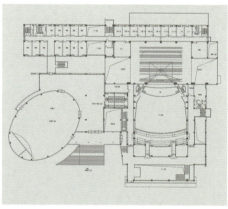

二层平面

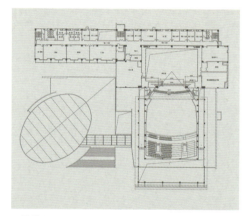

三层平面

学生活动中心西南向外观

土木交通实验楼

位于校园中部偏北,东邻土木交通学科楼、西邻材料化工学科楼、北面与生医学院学习中心隔两江北路相望。由东南大学建筑设计院建筑师曹伟、徐静完成建筑设计。建筑高五层(局部实验大厅一层),中部设有内庭院,建筑面积15 545 m²。内有供土木、交通两学科实验所用的实验大厅各一个,中小实验室若干。

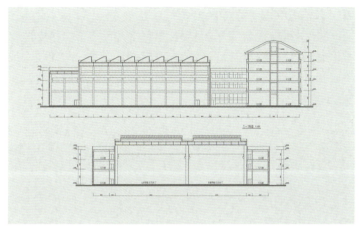
剖面

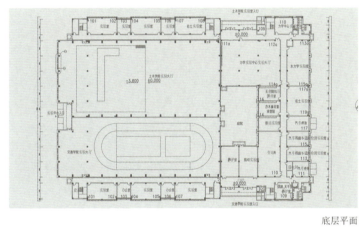
底层平面

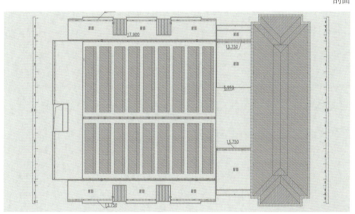
屋顶平面

土木交通实验楼主入口外观

■ 公共教学楼（研究生）

位于校区西部，北邻湖畔，东邻李文正图书馆，由东南大学建筑设计院建筑师齐昉完成建筑设计。为一座500人报告厅和一栋五层教学楼、一栋三层教学楼组合而成，建筑面积 18 627 m²。

该楼被命名为"纪忠楼"。

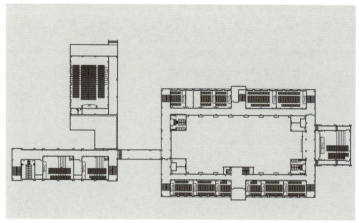

二层平面

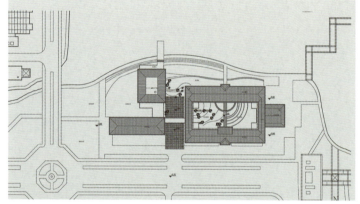

总平面

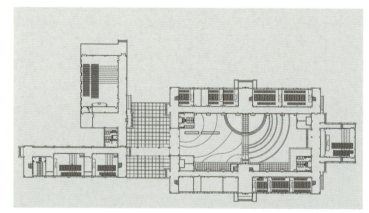

底层平面

纪忠楼西南向外观

■ **公共教学楼（本科）**

位于李文正图书馆东侧、大学生活动中心西侧，由东南大学建筑学院教师王建国与建筑设计院建筑师李大勇、建筑学院教师王湘君完成建筑设计。建筑群为多栋五层的板式与点式楼组成，其间由架空的廊道连为整体，建筑面积 57 219 m²。

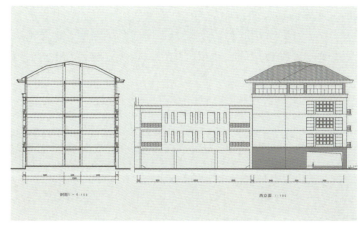

剖面

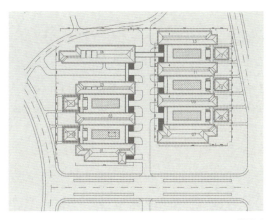

总平面

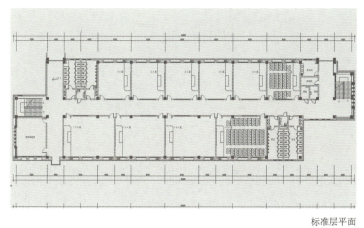

标准层平面

教学楼东南向外观

■ **计算机系软件学院楼**

位于计算机中心组团内的图书馆前广场西南,由东南大学建筑设计院建筑师史晓川、曹伟、张航完成建筑设计。建筑面积 15 925 m²。

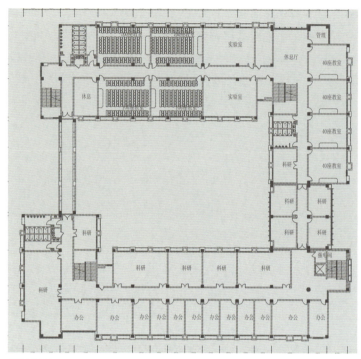

标准层平面

计算机楼南向外观

■ **计算机系网络中心**

位于计算机中心组团内的图书馆前广场东南，由东南大学建筑设计院建筑师史晓川、曹伟、张航完成建筑设计，建筑面积 16 882 m²。

内有计算中心、网络中心等，楼名为"金智楼"。

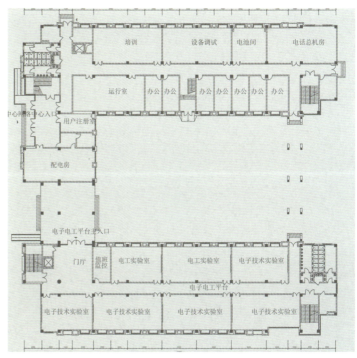

底层平面

金智楼南向外观

文科楼

位于校园中心的图书馆西北部，西面滨水，东邻经管学院，北邻即将建成的文科综合楼，由东南大学建筑设计院建筑师万邦伟完成建筑设计。建筑形体呈"E"字形，内有人文学院、艺术学院等系科。建筑面积13 297 m²。

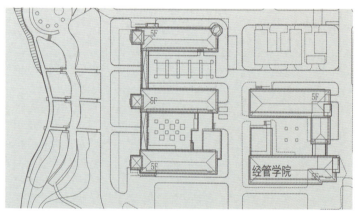

总平面

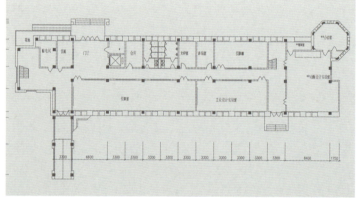

后排底层平面

文科楼西向外观

■ 校医院

位于校园东北隅,毗邻校北门,由东南大学建筑设计院建筑师曹伟、钱晶、赵斌完成建筑设计。建筑高三层(局部二层),建筑面积 4 532 m²。

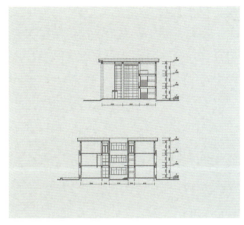
剖面

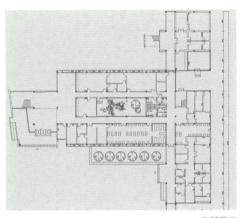
底层平面

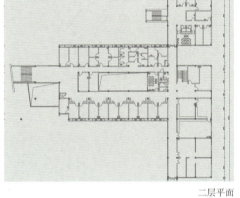
二层平面

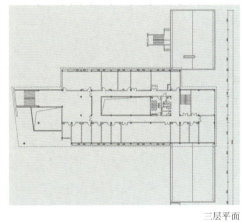
三层平面

校医院西南向外观

■ 学生食堂

橘园食堂（研究生）位于橘园宿舍区中部，由东南大学建筑设计院建筑师刘敬完成建筑设计。建筑高二层，建筑面积地上 7 325 m²、地下 1 760 m²，总建筑面积 9 085 m²。

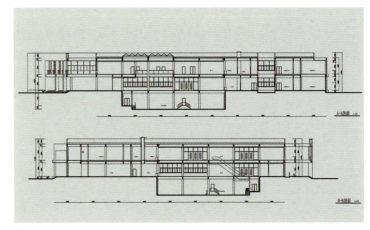

剖面

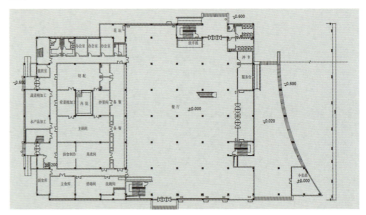

底层平面

橘园食堂东南向外观

■ **学生宿舍**

梅园宿舍（本科生）位于校区东南角，由东南大学建筑设计院建筑师何泰曙完成建筑设计。建筑面积 78 022 m²。图为其 D 组团平面。

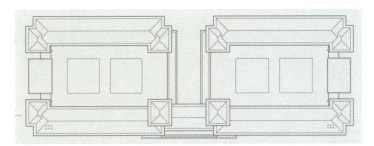

屋顶平面

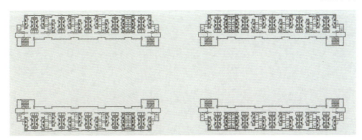

三层平面

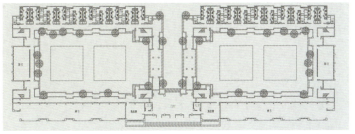

底层平面

梅园宿舍西南向外观

■ 行政大楼

位于校园中轴线最南端以西，为校行政办公中心所在。由齐康院士完成建筑方案设计，东南大学建筑设计院建筑师齐昉完成建筑施工图设计。建筑高五层（局部一层），建筑面积 12 548 m²。入口大厅正中设有名为"三生万物"的灵璧金钱石雕一组，是中国银行股份有限公司江苏省分行送给东南大学成立110周年的礼物。

入口大厅石雕正面

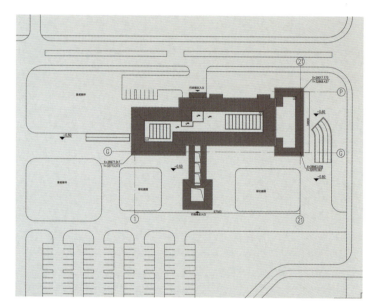
总平面

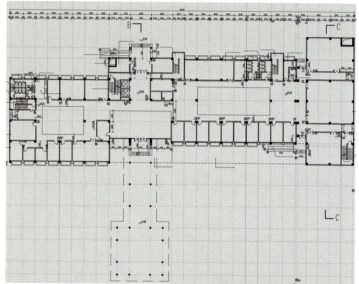
底层平面

行政大楼西南向外观

■ 能环科研综合楼

位于校园中心景观区西南隅的工培中心以南、机械动力实验楼以北，西侧隔校区外环路与橘园宿舍区相望。由东南大学建筑设计院建筑师雷雪松完成建筑方案，吴文竹完成建筑施工图设计。建筑高十一层（局部七层、一层），建筑面积 25 459 m²。

底层平面

二层平面

能环科研综合楼东南向外观

总平面

2021 版规划设计西南向鸟瞰

参考文献　图片索引

参考文献

- 南京高等师范学校一览 [M]. 南京：1918.
- 费旭，周邦任. 南京农业大学校史Ⅱ中央大学农学院院史（征求意见稿）[M]. 1988.
- 朱斐. 东南大学史·第一卷(1902-1949) [M]. 南京：东南大学出版社，1990.
- 朱斐. 东南大学史·第二卷(1950-1991) [M]. 南京：东南大学出版社，1997.
- 时巨涛. 东南大学史·第三卷(1992-2012) [M]. 南京：东南大学出版社，2022.
- 苏云峰. 三(两)江师范学堂：南京大学的前身(1903-1911) [M]. 南京：南京大学出版社，2002.
- 南京大学校史研究室. 南京大学校史资料选编——第一卷：三江（两江）师范学堂时期 [M]. 南京：南京大学出版社，2018.

图片索引

- 沈国尧
  - 第三章 科学馆西南向外观旧照；
  - 第四章 新教室西北向外观旧照。
- 顾大庆
  - 第二、三、四、八、九、十章 各校区建筑现状照片。
- 周琦及团队
  - 第九章 丁家桥校区总平面图及周边城市环境及校园演变图，丁家桥校区原医学院大楼（后勤、行政办公楼）平面图。
- 龚恺
  - 第四章 研究室、1930年代中期大礼堂旧照。
- 马晓东及团队
  - 第二章 工艺实习场修缮设计图。
- 夏铸九及团队
  - 第一章 教习房测绘图；
  - 第二章 工艺实习场西南向外观旧照；
  - 第三章 大礼堂总平面；
  - 第四章 新教室测绘图及生物馆、校友会会所设计图；
  - 第七章 结构实验室、南高院设计图。
- 周小棣及团队
  - 第一章 一字楼平面复原图及口字楼平面复原图、东立面房间开间推算图；
  - 第四章 侧平房屋架内景、构建编号照片；
  - 第八章 沙塘园食堂旧照及平面图。
- 李海清及团队
  - 第六章 汉渝公路旁新校舍总平面图、单体设计图；
  - 第七章 柏溪传达室遗构测绘图及其他单体建筑设计图。
- 黄文胜及团队
  - 第九章 东南大学四牌楼校区三维鸟瞰图（二幅）。
- 张旭
  - 第四章 侧平房修缮规划设计图。
- 叶菁
  - 第九章 晓庄校区现状总平面图。
- 东南大学建筑设计研究院
  - 第八/九章 南京大学/南京工学院/东南大学各校区建筑设计图；
  - 第十章 东南大学九龙湖校区总体规划图及建筑设计图。
- 吴军
  - 第五章 三江院、前平房、北平房北入口旧照；
  - 第七章 三锻铸工厂旧照。
- 胡阿祥等（南京古旧地图集 [M]. 南京：凤凰出版社，2017.）
  - 第四章 1927年最新南京全图、1940年南京市市区图。
- 龙灏及团队（重庆大学建筑城规学院建筑系）
  - 第六章 松林坡校区重庆大学总平面图、大礼堂修缮图及现场遗构建筑、现状照片；
  - 第七章 柏溪校区总平面复原图、遗构建筑及现状照片。
- 周德章（成贤学院建筑艺术系）
  - 第九章 东南大学成贤学院现状总平面图。
- 单踊及团队
  - 第一至九章 各时期总体（及局部）平面图、区位图等；
  - 第一章 梅庵游园复原设计及总平面图绘制、游园模型设计及照片；
  - 第六章 沙坪坝中大校区总图、教职员集会所遗构测绘图；
  - 第四章 三江院、两江院、前平房、北平房三维复原图。

* 其他总体平面及单体平立剖面图、旧照等均引自东南大学档案馆。

附一
校园规划建设纪事

三江／两江师范学堂时期
1902—1912 年

- 1902 年
  - 5月，两江总督刘坤一曾两上奏折，为江南省小、中、高等学堂建设建言朝廷，并力主兴学"应从师范学堂入手"。
- 1903 年
  - 2月，继任总督张之洞上《创办三江师范学堂折》，重申"师范学堂为教育造端之地，关系尤为重要"的观点，正式奏请创建"三江师范学堂"。学堂用地位于北极阁前的明代国子监旧址，占地200亩，校主门由单牌楼巷进入。
  - 3月，三江师范学堂借江宁府署公房开办。
  - 6月，三江师范学堂开学。
  - 6月19日，学堂校舍开工建设。
- 1904 年
  - 7月，学堂移至北极阁山下；11月，学生正式入学上课。
  - 9-10月，首期的一字房、教习房、学生斋舍等数栋"洋楼"及田字房、会宾厅等用房竣工。
- 1905 年
  - 学堂更名"两江师范学堂"。
  - 12月，始新添口字房及自修室平房18排。
  - 年底，附属小学成立，暂借昭忠祠房舍开学。
- 1906 年
  - 口字房及自修室完工。
- 1910 年
  - 附属中学成立，校址为两江师范学堂东南另征的67亩菜地。附中在校舍建成前，教学与两江师范学堂共用教室，学生自修及住宿等在田字房。
- 1911 年
  - 辛亥革命时期，南京两经兵事。两江师范学堂数易驻军，校舍房屋破坏已甚，损失惨重。共近200间校舍焚毁……
- 1912 年
  - 年初，两江师范学堂及附中、附小停办。

* 校园西北隅建有茅屋三间，供教师备课等用，后被命名为"梅庵"。（建造时间不详）
另，于校东另征有100亩土地作为农业实验场之用。

南京高等师范学校时期
1915—1923 年

- 1914 年
  - 8月，"南京高等师范学校"在两江师范学堂原址上成立。开始校舍勘察、修复损毁的房屋670余间。
- 1915 年
  - 8月，南京高等师范学校招生开学。学校占地270亩，校正门移至直临四牌楼街的附中校园西侧。
- 1916 年
  - 1月，申请拨旧宁属师范校舍为南高附小校舍奉令核准。
  - 4月，接收该校舍为本校附属小学校舍。
  - 12月开始修建附属小学校。
- 1917 年
  - 2月，附小正式开学。附属中学也开始筹备，9月正式开学。
- 1918 年
  - 10月，在原师范学堂斋舍旧址建成工艺实习场。
  - 建成附小望钟楼。
- 1919 年
  - 建成附中校舍中一院、附小杜威楼。

国立东南大学时期
1921—1927 年

- 1921 年
  - "国立东南大学"在南高校址上成立。由校长郭秉文出面，聘请时任之江大学教授的美国建筑师威尔逊（J.MorrisonWilson）为东大做新的校园规划。
  - 南高与东大共存至1923年秋停止招生。南高附中与附小均归为东大附属学校。
- 1922 年
  - 1月，图书馆、体育馆开工典礼同时举行。图书馆由法国建筑师帕斯卡尔（JousseumePascal）主持建筑设计。
  - 建成附中校舍中二院、附小望钟楼。
- 1923 年
  - 2月11日凌晨，口字房遭大火被焚殆尽。
  - 体育馆工程完工。
- 1924 年
  - 6月25日，图书馆落成典礼、科学馆开工仪式同时举行。

图书馆被以捐赠者之名命名为"孟芳图书馆"。
- 1927年
  - 科学馆工程完工。

* 东大成立后，南洋华侨张步青将其在南京丁家桥的南洋劝业会旧址约500亩土地捐献给东大办学。自此，学校将此处作为农科校舍。

国立第四中山大学 / 国立中央大学时期
1927—1949年

- 1927年
  - 国民政府试行"大学区制"，以国立东南大学为基础，联合了省内其他八校成立"国立第四中山大学"。
- 1928年
  - 4月，校名经短暂的易名"江苏大学"后，改为"国立中央大学"。原附中教学楼"中一院""中二院"收归大学部所用并分别改名为"东南院""中山院"。原附中与附小合为实验学校，于原附小校园办学。
- 1929年
  - 生物馆、新教室建成。
- 1930年
  - 10月，举行大礼堂工程开工典礼。
- 1931年
  - 4月，大礼堂工程如期完工，保证了"国民大会"5月5日顺利在此举行。
- 1933年
  - 校园南大门（由基泰工程司建筑师杨廷宝先生主持建筑设计）及西平院新建、梅庵及生物馆（由建筑系主任刘福泰先生主持建筑设计）改建、孟芳图书馆扩建（由杨廷宝先生主持建筑设计）等工程完工。
- 1934年
  - 三江院、两江院建成。
  - 为图发展，中大欲于南京城外围择地建设万人大学新校园。
- 1935年
  - 新校址初定在南京中山门外紫金山南麓的马群镇五棵松附近，占地5 000余亩。由校方委托建筑系教授虞炳烈绘制了新校园的规划方案并上报教育部。后因新规划的京沪、京芜两路横穿校址而另择地。
- 10月，最终勘定中华门外约7 km处的石子岗唐家凹附近约3 000亩地为新的校址。
- 1936年
  - 3月16日，学校以"中央大学建筑设备委员会"名义，在全国范围内征选新校舍即总体规划方案。
  - 5月10日，共收到当时国内最著名的建筑师（事务所）送选的方案10个，经复核接受的方案8个。经校审查委员会二次会议审议，投票选出了前三名：一、基泰工程司方案，二、董大西先生方案，三、范文照先生方案。
  - 8月，中大聘建筑师徐敬直、李惠伯为新校园建筑设备委员会专任工程师，负责中选方案的优化与实施。
  - 11月，新校园的土方工程动工。
- 1937年
  - 四牌楼校园内的牙科医院建成。
  - 1月，新校舍开始钻探。
  - 5月，新校舍已开工的有工学院院部，航空工程系的教室、实验室，以及农学院院部三大幢房屋。正在设计的有理学院、图书馆和运动场，预计全部工程30个月完成。
  - 7月，抗战全面爆发。时任校长罗家伦早已令总务处做好500只大木箱，以备迁校之用。并派出三路人马寻访迁校地点，最终决定西迁。
  - 9月23日，教育部复函准迁重庆。30日罗家伦校长致函重庆大学首任校长、时任四川省政府主席刘湘，拟向重庆大学"暂借地皮一段，备供建筑临时校舍之用"。
  - 10月2日，刘湘复函中央大学表示欢迎。6日，中大在重庆市设立"重庆办事处"，派员前往办理校舍建筑事宜。全部工程分18个包工组，1 700工人日夜劳作，可容千余人的校舍于42天内完工。
  - 11月，随着临时校舍完工，中央大学在重庆正式开学复课。医学院和牙医专校，以及农学院的畜牧兽医系已先期抵达成都开学。实验学校由南京迁往贵阳继续办学。农学院实验用动物标本通过游牧方式于次年运抵成都。
- 1938年
  - 随着办学逐步稳定、招生规模日增，位于重庆大学内的松林坡校舍已不敷使用。中央大学决定在距松林坡校区约15 km以外的嘉陵江上游的柏溪村另建分校，以供各科一年级新生之用。
  - 10月，新校区动工，2个月后完成。柏溪分校占地面积140余亩，建成房屋60余栋。
  - 南京四牌楼校区沦陷后为日军陆军医院占用，曾陆续建成前平房、侧平房、北平房等单层平房，作为医院的手术室、病房、伙房等用。

- 1942年
  - 重庆沙坪坝校区大礼堂建成。
  - 随着中大办学规模的进一步扩大，中大松林坡校园空间不足的问题再次凸显。为此，中大紧贴松林坡的汉渝公路以南的沙坪坝小龙坎地段征地，建设部分教师及学生宿舍等房舍。
- 1945年
  - 抗战结束后，学校组成复员委员会开始着手复员南京的准备工作。下辖的工程组由时任工学院院长的建筑学院刘敦桢教授主持，完成四牌楼东区文昌桥1–7舍等新建、修缮工程设计并于次年建成。丁家桥校区也建设了多栋校舍。
- 1946年
  - 11月，学校复员南京。农、医学院及新生部前往丁家桥（二部），农学院的部分及附中前往并校时归入四中大的原"南京农业专门学校"所在的三牌楼校区。附小仍在大石桥校园。

* 中大时期的四牌楼校区本部，陆续将校园南部大部分的民房用地征用，成功地完成了主校门至中心花园的校园主体空间营造，基本形成了较为完整的本部校园空间环境。

（国立）南京大学 / 南京工学院时期
1949—1987年

- 1949年
  - 5月7日，中国人民解放军南京市军管会派员接管原国立中央大学。
  - 8月8日，学校更名为"国立南京大学"。
- 1949年
  - 10月10日起，校名去"国立"二字而径称为"南京大学"。
- 1952年
  - 全国高等院校院系调整后，学校进入"南京工学院"的创建时期。原南大的四牌楼校区本部及附近的共500余亩土地及总面积8.77万 m² 建筑全部划归南工。
- 1954年
  - 因在校学生的大幅度增长，学校的教学及生活用房皆呈紧张状态。学校拟定了4年的基本建设计划并开始实施。
  - 位于校园南北主干道南端以西的五四楼建成，由时任南工建筑系主任的杨廷宝先生主持建筑设计。
- 1955年
  - 位于校园东北角的五五楼建成，由杨廷宝主持建筑设计。
- 1956年
  - 位于体育馆西南的河海院建成。
- 1957年
  - 经多方努力，征地兴建了小营操场及征购了沙塘园、校西等处零星土地合约110亩，学校基地增至650亩。先后建成了数栋教学、实验和生活用房，建筑面积共8万余 m²，全校建筑总面积达17万 m²。
  - 生物馆进行两翼的加建设计，由杨廷宝教授主持建筑设计。加建工程于次年完工，并更名"中大院"。
- 1958年
  - 位于校园西南角的动力楼建成，由杨廷宝教授主持建筑设计。
- 1963年
  - 原南高院在原址上拆除重建，由杨廷宝教授指导建筑设计。
- 1965年
  - 大礼堂加建两翼，由杨廷宝教授主持建筑设计。
  - 结构实验室建成。
- 1978年
  - 经过"文革"时期的基建工作基本停滞后，进入校园建设高峰期。建成位于校园西北隅梅庵之南的留学生宿舍楼。
- 1981年
  - 位于江南院北侧的电子管厂建成。
- 1982年
  - 东南院、中山院于原址新建。
  - 1940年代于大礼堂北侧的简易木棚被拆除，建成自控楼（中心楼）。
  - 校医院建成于成贤街东侧的成园院内。
- 1984年
  - 道桥实验室建成于校园东北角。
- 1985年
  - 位于老图书馆与五四楼之间建成图书馆新楼。
- 1987年
  - 三江学堂时期所建的教习房被拆除，原址建成留学生楼。
  - 中央大学时期建成的"新教室"被拆除，原址上完成新"前工院"建造。

东南大学时期

1988—2021 年

四牌楼校区

■ 1988 年
- 三江学堂的会宾厅位置的零星建筑被拆除，建成测振中心。
- 校东门内侧以北的零星建筑被拆除，建成微波楼。

■ 1992 年
- 1950 年代所建的锻铸工场被拆除，建成榴园宾馆。同时，该基地以北正对石婆婆巷的原西校门被南移至榴园宾馆以南。

■ 1994 年
- 1930 年代所建的西平院、三江院、两江院被拆除，建成逸夫科技馆。

■ 1996 年
- 位于西侧偏北的校建筑设计院楼建成。

■ 2000 年
- 东校门内以南研究室及原印刷工厂所用的零星平房被拆除，建成逸夫建筑馆。

■ 2002 年
- 大礼堂前西侧、测振中心以东位置建成吴健雄纪念馆。

■ 2004 年
- 中心楼以北建成李文正楼。

浦口校区

■ 1988 年
- 12 月 30 日，新校区举行奠基仪式。

■ 1989 年
- 3 月，第一幢学生宿舍楼破土动工。

■ 1990 年
- 9 月 7 日，首期的近 3 万 m² 建筑完成，各项设备、设施亦配置完毕。浦口新校区以崭新的风貌，迎来了第一批 1 500 名 1990 级新生。

■ 2000 年
- 浦口校区的建设工程告一段落，共完成各类建筑 16.81 万 m² 的建造。

丁家桥校区

■ 2018 年
- 于校园操场西南隅建成附属中大医院教学医疗综合楼。

晓庄校区

■ 2005 年
- 于校园中心建成新的教学主楼及其西北隅的学生宿舍。

九龙湖校区

■ 2002 年
- 下半年，东大主要领导和有关部门负责人经四处寻地，选中了位于江宁高新技术开发区南部的九龙湖畔作为新校区的用地。
- 11 月下旬，校党委常委会、校长办公会经过认真讨论，最终做出了全力以赴建设"九龙湖新校区"的正式决策。
- 12 月 18 日，东大江宁校区建设签约仪式在江宁开发区管委会举行。

■ 2003 年
- 2 月，东大新校区首期拟征地 3 700 亩的申请获江苏省政府和教育部获准后，学校向江苏省发展计划委员会报送了征地立项报告。
- 3 月，学校召开了"东南大学九龙湖校区总体规划设计发标会"，向全社会征集九龙湖校区建设规划方案。
- 5 月，学校召开了由省内外专家及相关领导出席的评标会，从参加投标的五个单位规划设计方案中选出了前三名。
- 6 月，学校组织了中层及中层以上干部、全校教职员工、学生等对 3 个方案进行无记名投票。在综合评标和投票结果的基础上，最后研究确定东南大学建筑设计院的方案中标，并以此为基础进一步吸收各方意见修改完善。

■ 2005 年
- 3 月 24 日，新区工地打下第一根桩，就此拉开大规模施工建设的序幕。

■ 2006 年
- 6 月底，首期的 58 万 m² 的校园建筑和校园基础设施及环境建设工程基本完成。
- 8 月，第一批本科生由浦口校区搬迁入驻。

■ 2021 年
- 至年底，建成和在建的建筑面积共 107 万 m²（含地下室）。
- 完成东南大学九龙湖校区总体规划调整方案。

附二
历年校园总平面选

南京高等师范学校及农场总平面（1918年）

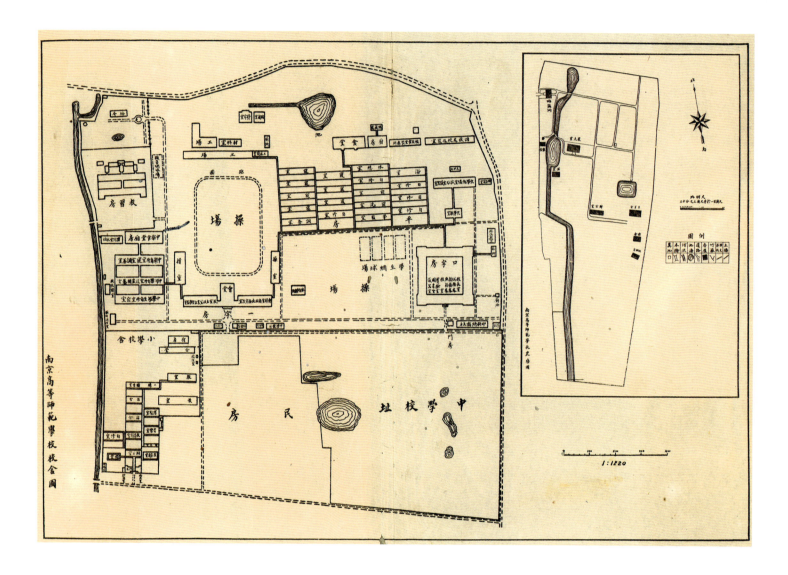

国立东南大学总平面（1924年）

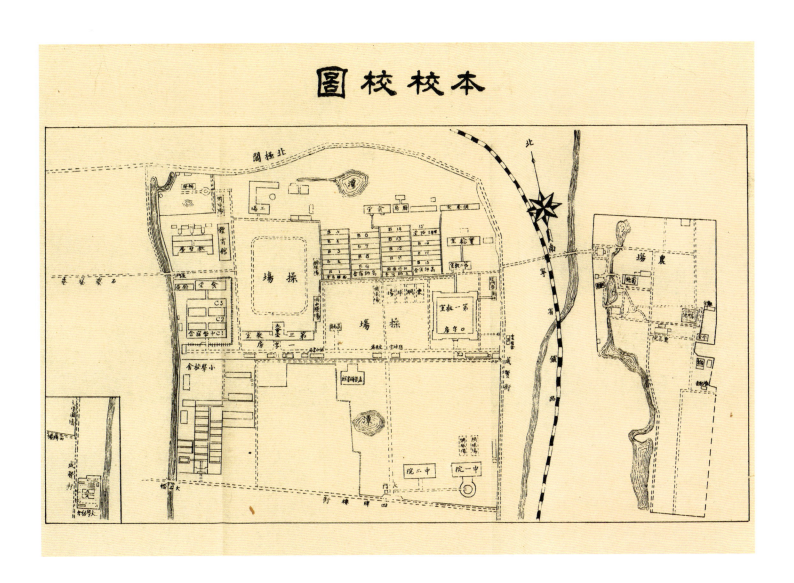

国立第四中山大学总平面（1927年）

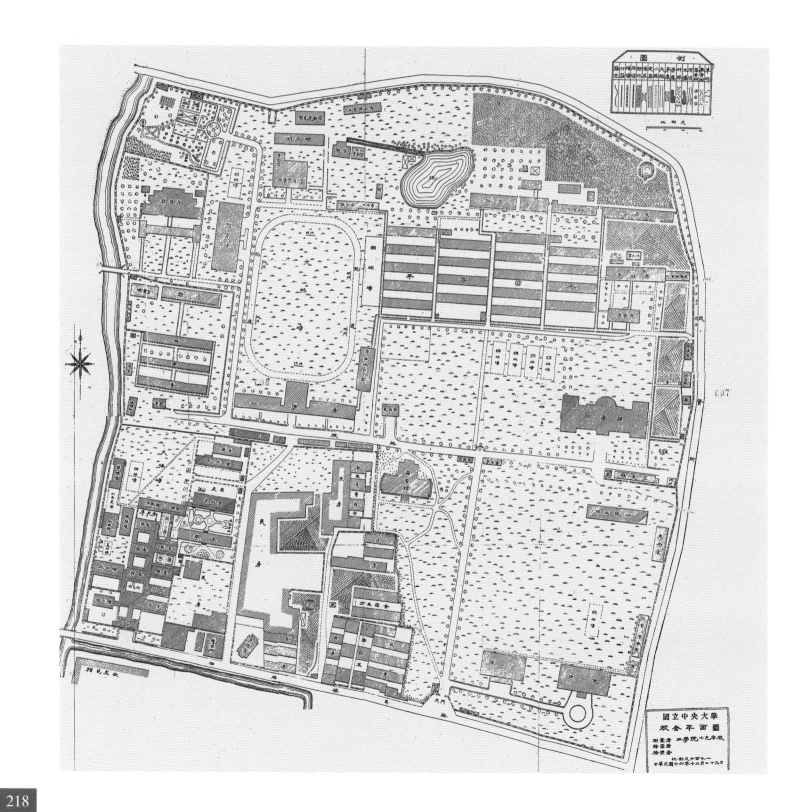

■ 国立中央大学总平面（1933年）

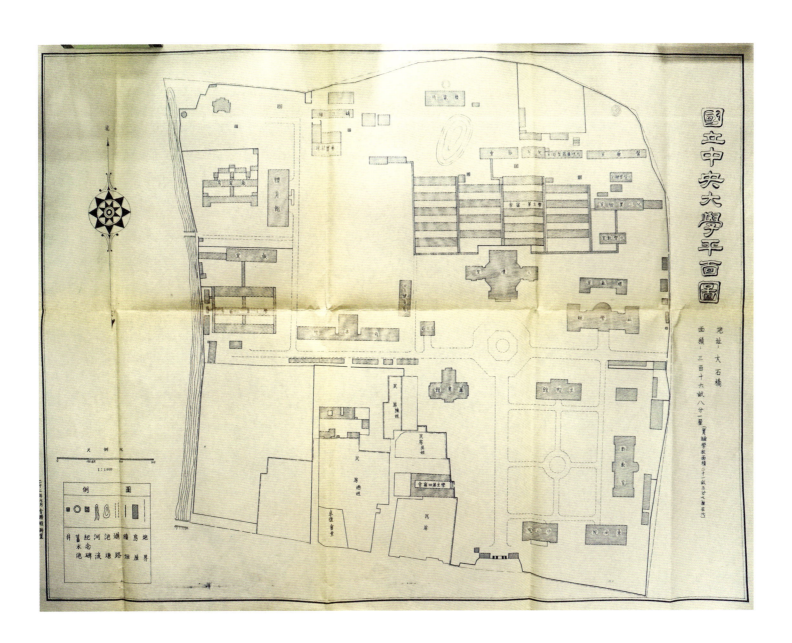

■ 国立中央大学总平面（1941年）

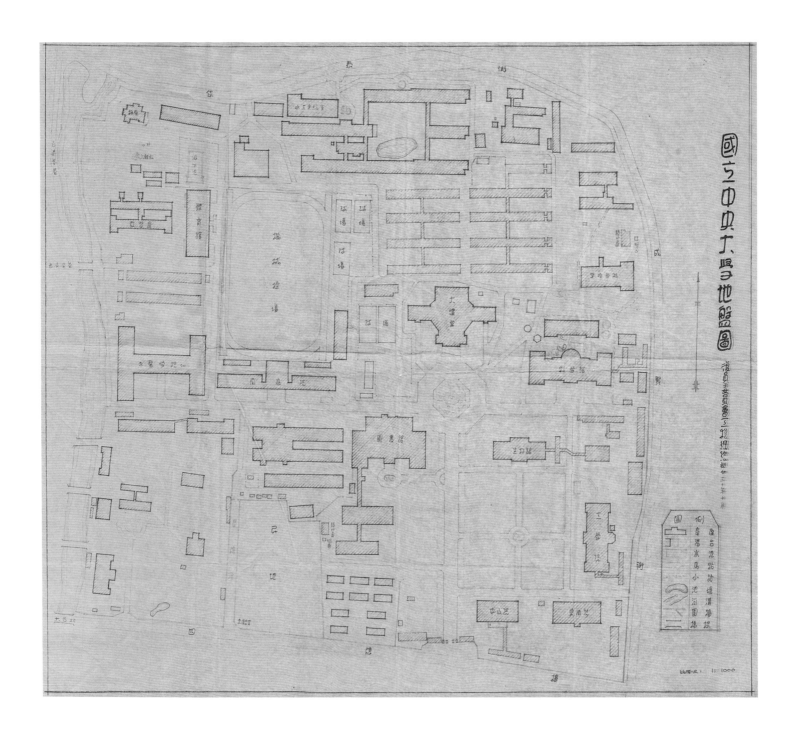

国立中央大学总平面（1946年）

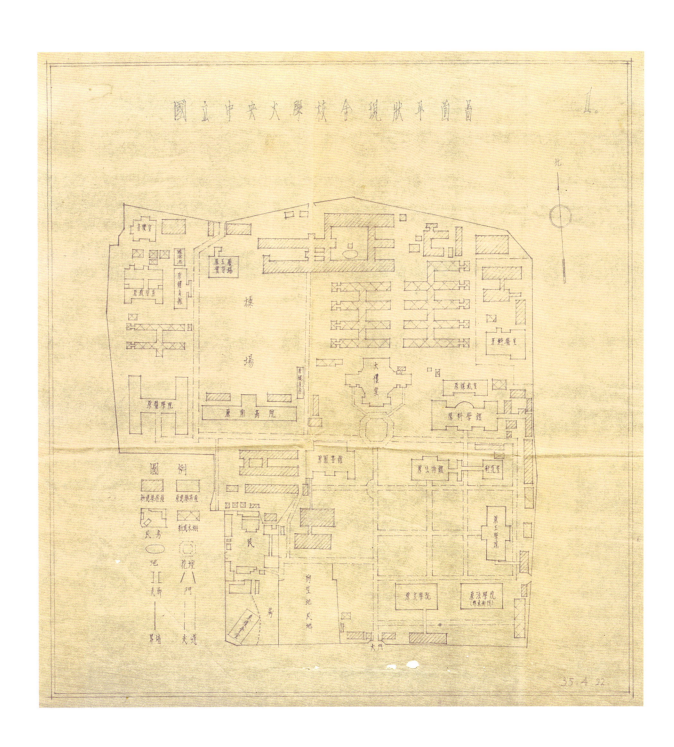

国立中央大学总平面（1948年）

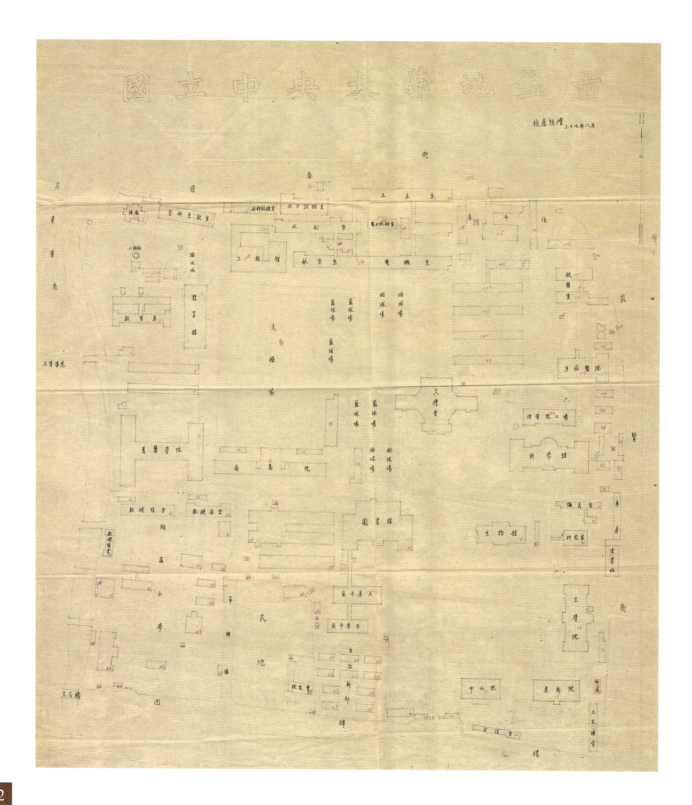

■ 国立中央大学总平面（1948年） ■ 国立中央大学文昌桥新建学生宿舍总平面（1946年）

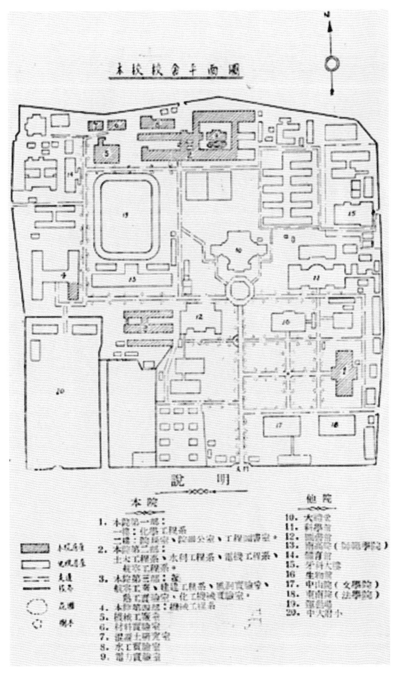

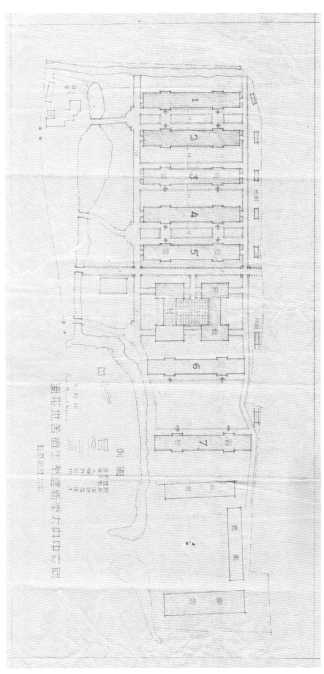

南京工学院总平面（1960年）

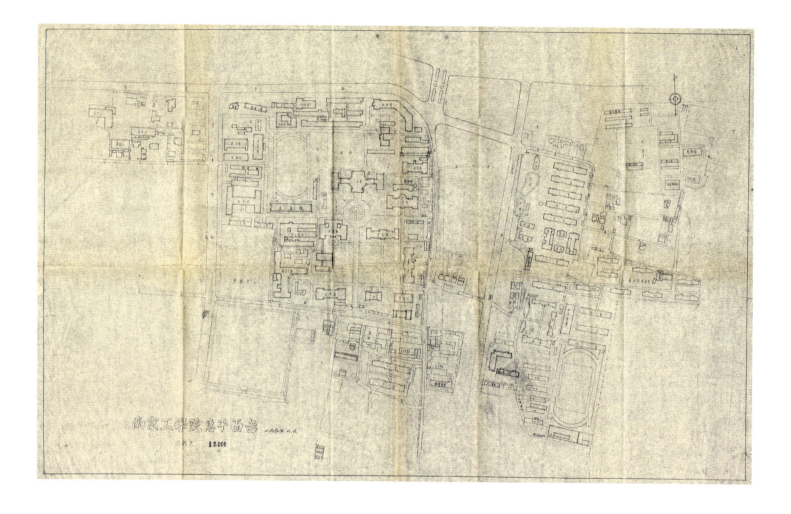

■ 南京工学院总平面（1982年）

■ 东南大学总平面（1990年）

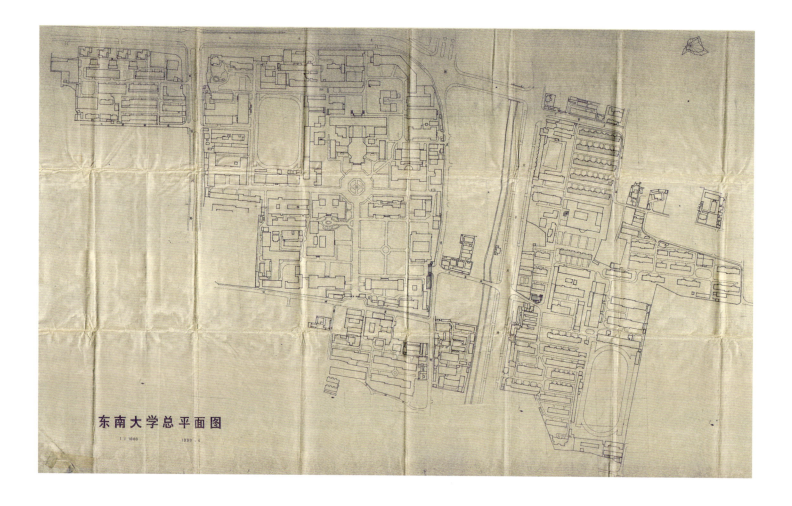

■ 国立中央大学丁家桥校区总平面（1946年）　　　　■ 国立中央大学三牌楼校区总平面（1948年）

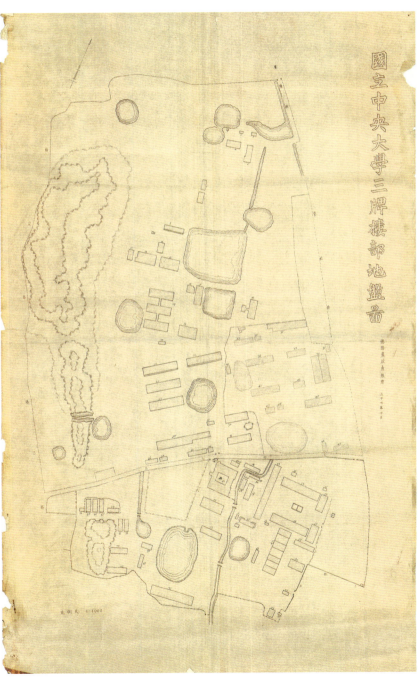

东南大学长江后街校区（原南京交通专科学校）总平面（1946年）

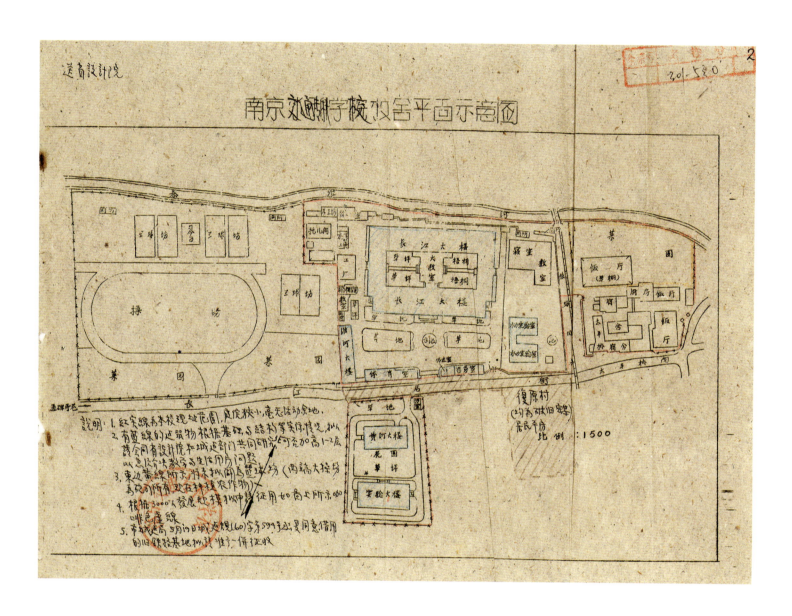

- 东南大学四牌楼校区西院（原南京地校）总平面（1953年）
- 东南大学四牌楼校区西院（原南京地校）规划总平面（1986年）

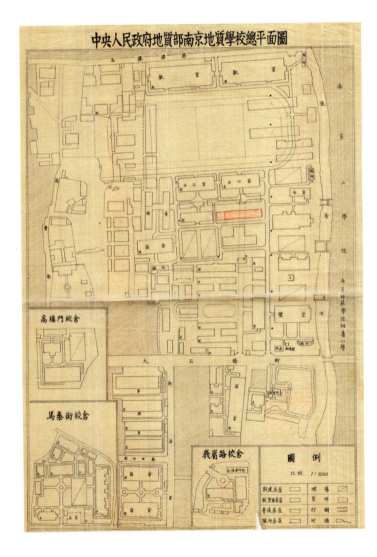
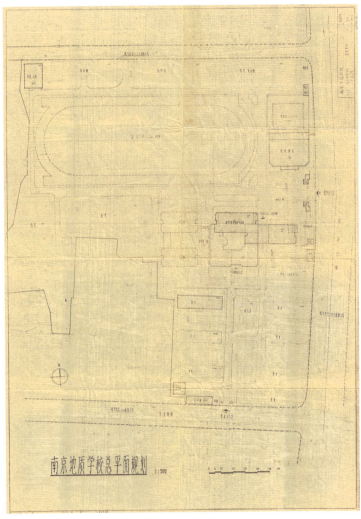

结语

毋庸置疑，校园空间的变迁与大学本体的发展是密不可分的。回瞻本图史的三（两）江／南高的师范初创期（一／二章）、东南／中大的大学成型期（三／四章）、新区／西迁的异地过渡期（五／六／七章）、南大／南工的学园翻新期（八章）、综合性大学的学府拓展期（九／十章）的园史图卷不难发现，东南校园空间演变中既呈现出显性的巨变，亦不乏隐性的恪守。

巨变是显而易见的：首先，规模从小到大——自师范学堂的三百余学生／两百亩校园至新东南的三万余学生／六千余亩校园；其次，园区由少而多——自师范学堂的四牌楼主区的北半片到新东南遍布南京的一城六区。

恪守则是隐而不渝的：其一，空间体宜致用——师范学堂的分区组合、早期大学的整合南拓、异地过渡的因地制宜、工学校园的见缝插针、四校合并的低成本扩张和九龙湖新区的精心打造，校园的目标制订与具体实施无不将功能适用作为要义；其二，形式中西合度——上世纪初的西式砖券洋楼与中式木构院落集合、上世纪中的西古经典堂馆和民族形式楼宇并置、新世纪的新校舍中西共鸣，呈现了传统文化继扬与科学文明承创相长的校园风貌。

在这纵贯百廿年、横跨众校区的东南校园空间巨变与恪守中，既展示了无可争议的主动追求与坚守，东南人在校园建设历程中所经历的艰辛和取得的成就即是有目共睹的实证；也暗含了毋庸讳言的被动顺从与无奈，仅四牌楼校区早期的无序和近期的拥杂等也是无法回避的事实。

在本图史的编写过程中，编者有幸得到了来自多方的援助：

首先，是母校东南大学众多人士和部门的倾力支持：校党委左惟书记对本书的立意予以了充分肯定和热情鼓励，并欣然为本书做序。校史编纂委员会副主任、《东南大学史》第三卷主编时巨涛教授对本书的编著予以热情肯定，并从校史的角度对最终的成书提出了建设性建议。档案馆黄松莺馆长为本书全力开放馆藏资料并给予资金方面的有力支持，还亲自与张魁老师一道参与了大量的图档查找、核对等工作。校史研究室刘云虹主任为本书的立项申请、资金筹措和进程安排等关照入微，郭淑文老师全程参与了本书的档案查找、史料信息核实和文字整理等工作。宣传部吴军、杭添摄影师为本书提供了珍贵的过往建筑影像资料。

国资办顾玉剑老师提供了详尽的校产数据和相关统计资料。出版社戴丽副社长为本书的出版做了不可或缺的专业指导和精心安排，并与陈淑老师一起完成了责任编辑的工作。艺术学院皮志伟教授精美的装帧设计，为本书增色斐然。建筑设计研究院韩冬青院长、袁玮副院长和高崧总建筑师积极支持，亲自安排资料室等部门配合近期的校园规划与建筑设计图纸查找；马晓东总建筑师提供了完整的工艺实习场修缮设计成果；文化遗产研究中心周小棣主任提供了丰硕的中央大学旧址保护规划研究成果；BIM研究中心黄文胜主任提供了精准的四牌楼校区三维模型图；规划所王新跃总规划师提供了九龙湖校区全部的各轮规划成果及单体建筑资料，并对全书多处的图文编排提出了极好的修改建议。建筑学院国际化示范学院顾大庆教授不仅对本书的编著全程关注、提出众多建设性意见，还为本书收录的东南大学南京各校区建筑拍摄了现状照片；国际化示范学院夏铸九教授及团队为本书补充了多份重要的历史建筑资料；建筑学院院长张彤教授欣然执刀，为本书扉页亲制题印；建筑系老主任鲍家声教授悉心审阅了本书的初稿，为本书补充了重要的历史信息；建筑系周琦教授提供了关于丁家桥校区文物建筑的研究成果；建筑系龚恺教授、李海清教授提供了珍藏多年的资料，并为本书的图文编排提出了极有益的建议；建筑系博士生窦瑞琪、张骐跃、裴逸飞和硕士生顾宇、李斐、王瑞等深度参与了繁重的资料采集、图件加工等实质性工作。

再者，本书的编著离不开有关院校的鼎力相助：北京大学考古文博学院方拥教授、北京建筑大学许政教授十数年前的谆谆提议和编写过程中的众多建议，是编者动议的原动力和重要补给。中大西迁时期的友邻院校重庆大学档案馆杨燕馆长和朱文婉老师为抗战时期松林坡校园总图提供了重要帮助；建筑城规学院建筑历史与理论研究所陈蔚教授、胡斌副教授和戴秋思副教授提供了原中央大学礼堂的历史沿革考证及修复设计成果；建筑城规学院建筑系主任龙灏教授深度参与了本书中与西迁相关的两章工作，包括抗战时期松林坡校园总图资料的查找和复制加工、引领踏勘中大在渝的遗构建筑、参与测绘及多次现场图片拍摄，还就相关章节的图片排版、识读和说明行文提供了诸多极为重要和入微的建议，特别是率先确认了松林坡原中大教职员集会厅遗构建筑，为首次公开的重大发现。南京农业大学农业遗产研究院教授、诗人单人耘先生为本书名确定了颇具涵义又朗朗上口的"紫气东南"四字主标题。

此外，还有如东南大学交通学院程建川教授、土木学院周明华教授/张星教授/郭正兴教授、外语学院李霄翔教授以及中央大学农学院王西亭教授之子王德先生等，为本书热心提供相关史料信息的同事和友人还有很多很多……。

本校园图史得以相助者不一而足，在此一并表示最由衷的感谢——没有各位的无私付出，要在此有限的时间内完成如此繁复、浩瀚的编著工作是绝无可能的！

2022年2月于四牌楼

内容简介

东南大学自20世纪初成立至今已逾百廿年之久，随着学校从其前身的师范学堂发展成为蜚声海内外的著名综合性大学，其校园也经历了纵贯一个世纪有余、横跨众多校区的变迁。从北极阁下的四牌楼、玄武湖畔的丁家桥、嘉陵江边的松林坡和柏溪村，到江北的浦子口、江宁的九龙湖所连接起的校园画卷，见证了东南大学从艰辛创业走向辉煌的沧桑巨变，也承载了一代代东南学人的美好记忆。这本校园图史以东南大学校园演变的10个时空节点为线索，精选了520余幅图片和文字，全面、直观地展示了东南大学逾百廿年的校园变迁，是关心东大成长的各届友人了解校园历史、历届校友回味校园生活的形象读本。

图书在版编目（CIP）数据

紫气东南:东南大学校园演变图史 / 单踊编著.—南京：东南大学出版社，2022.4
ISBN 978-7-5766-0065-0

I.①紫… II.①单… III.①东南大学–校史–图集 IV.①G649.285.31-64

中国版本图书馆CIP数据核字（2022）第051075号

紫气东南：东南大学校园演变图史
Ziqi Dongnan：Dongnandaxue Xiaoyuan Yanbian Tushi

编　　　著	单　踊
责 任 编 辑	戴　丽　陈　淑
责 任 校 对	子雪莲
装 帧 设 计	皮志伟
文 前 篆 刻	张　彤
责 任 印 制	周荣虎
出 版 发 行	东南大学出版社
社　　　址	南京市四牌楼2号（邮编：210096　电话：025-83793330）
网　　　址	http://www.seupress.com
电 子 邮 箱	press@seupress.com
经　　　销	全国各地新华书店
印　　　刷	上海雅昌艺术印刷有限公司
开　　　本	787 mm×1092 mm　1/8
印　　　张	29
字　　　数	350千字
版　　　次	2022年4月第1版
印　　　次	2022年4月第1次印刷
书　　　号	ISBN 978-7-5766-0065-0
定　　　价	360.00元

本社图书若有印装质量问题，请直接与营销部联系，电话：025-83791830。